体操科における「運動技術」指導をめぐる問題

藤川 和俊 著

現代図書

まえがき

現在、日本の学校教育では、コンテンツ・ベースからコンピテンシー・ベースへの転換といわれるように、変化が激しく不安定な社会に対応することのできる資質・能力を育成することが強調されている。体育も例外ではなく、これからの社会に必要な資質・能力の育成にどのように寄与できるのかということが問われている。一方で、それぞれの運動・スポーツがもつ魅力を味わい、生涯にわたって運動・スポーツに親しむ態度を養うというこれまでのねらいも継承されており、現代の学校体育は多様な課題に応えることが求められている。

しかしながら、時代の変化とともに様々な目的が示されているにもかかわらず、体育の学習＝運動技術の習得という考え方は根強く存在する。関連して、運動技術を指導する力や運動技能の高さが体育教師の専門性と捉えられる傾向もある。そして、このような考え方が体育の目的にせまることを困難にしているという指摘も見受けられる。たしかに、体育が運動・スポーツを扱う教科である以上、運動技術を無視するということは考えにくい。しかし、運動技術を習得することにどのような教育的意義があるのか。運動・スポーツの魅力と運動技術はどのような関係にあるのか。どのように学習することで目的にせまることができるのか。学習観の転換が求められている今こそ、改めて運動技術という教科内容について考察することが必要と思われる。

本書は、こうした問題意識に基づき、学校体育における運動技術をめぐる問題について歴史的に検討、考察することを課題とした。一般的に、学校体育で運動技術が重視されるようになったのは教育の科学性や系統性が強調された一九五〇―六〇年代であり、指導をめぐる問題もこの時期に顕在化したと理解されている。しかし、歴史をさかのぼると、すでに体操科の時代には運動技術をめぐる問題が存在していた。また、本書が対象とする一九二〇—四〇年の体操科は、身体の修練に加え、運動への興味を喚起することや人格を陶冶することなど、目的が多様化していた時期でもある。したがって、この時期の体操科を運動技術指導という視点から検討し、なぜ運動技術が追求されたのか、指導をめぐってどのような問題が存在していたのかを明らかにすることは重要な意義をもつと思われる。

ただし、本書はあくまでも歴史的な問題について検討、考察することに主眼を置いており、これからの学校体育における運動技術の意義や学習のあり方を提言するわけではない。そのため、現代の教育に寄与するところは多くはないかもしれない。しかし、当時の問題には現代と共通する点があり、現代の問題を考える際の基礎的資料にはなると思われる。こうした意図をもって本書を公刊することとした。ご活用いただければ幸いである。

目次

終章……189

序章

第一節　問題の所在と研究の目的

現代の学校体育においては、運動技術が教科内容に位置づけられている。例えばハードル走ではハードルをまたぎ越す運動技術が、バスケットボールであればドリブルやパス、シュートなどの運動技術が学習される。しかしながら、なぜ運動技術を学習するのかということや、学習のあり方に関しては必ずしも明らかにされているとはいえない。例えば、系統性や科学性が強調された一九五〇–六〇年代の体育に対しては、「半ば強制的な体力や技術のトレーニングを目標とする授業が、結局は『体育嫌いのスポーツ好き』を再生産する」[1]との批判がみられる。一方、生涯スポーツとの関連が強調された一九七〇年代以降の体育においても、当時の代表的な学習法である「めあて学習」に対し、運動技術の学習という観点から「子どもが選択する学習課題（技）が多様化しすぎ、教師の指導が行き届かなくなる」、「子どもの欲求に委ねれば、好んで難しい技に挑戦する傾向があり、技の習熟を図ることが難しいだけでなく、危険でもある」、「技術的学習内容の関連的・発展的学習が行われないケースがしばしば生じる[2]」といった批判がなされている。近年はアカウンタビリティが強調され、「○○ができるようになる」、「上手になる」のように成果が明確な運動技術が重視される傾向にあるが、「体育を教える私たち教師の『癖』として、『技能を身に付けさせることが体育の学習である』という、『ものの見方』がある。極端に言えば、これを変えなければ、これからの体育は発展しない[3]」のように、運動技術の学習を自明視する傾向が批判されている。また、「ただ体育とは知識や技術を学ぶものだという発想のもと体育の学習内容を語っている傾向が強いと言えないだろうか[4]」との指摘がなされており、学習の意義やあり方が問われている。

本研究は、「運動技術」指導をめぐる問題についての歴史的な検討と考察を目的としている。時代をさかのぼると、すでに「学校体操教授要目」（以下要目）等で「運動技術」指導をめぐる問題が指摘されている。まず、一九一三（大正二）年の要目において、「体操科に於て行わしむる事項は生徒の身体及精神を陶冶するに在るを以て常に其の目的に副わしむことを期し徒に技術の末に走るが如きことあるべからず[5]」と記され、続く一九二六（大正一五）年改正要目でも、「徒に技術の末に走るが如きことなく克く各生徒児童の身体及精神の発達に留意して適切なる指導を為すべし[6]」と注意されていた。しかしながら、このような戒めにもかかわらず、一九三六（昭和一一）年の要目改正の際にも「従来動もすれば体操科の教授が技術の末に走り、方法に捉われて、身体の修練、技術の習熟のみを以て足るかの如く見られ易い欠点があった[7]」と批判されている。要目で繰り返し戒められていたにもかかわらず「技術の末に走る」傾向にあったことから、当時の体操科には「運動技術」指導をめぐる問題が存在していたと考えられる。また、当時のこうした状況は、運動技術の意義を考察することなく、ただ体育とは「技術を学ぶものだ」と考える傾向がある現代と少なからず共通点を有していると思われる。つまり、当時の体操科における「運動技術」指導をめぐる問題について明らかにすることは、現代の問題について考察するうえでも意義があると思われる。

以上のことから、本研究は、体操科が「運動技術」指導をめぐる問題にどのように取り組んでいたのかを明らかにし、その成果と課題について考察する。

第二節　研究対象としての「運動技術」

現代の学校体育で教科内容とされている運動技術は「運動経過の合目的的形態(8)」である。史料では単に「技術」と記されることが多いが、授業者の「指導技術」と混同することのないよう、本研究では史料引用の場合を除き「運動技術」と表記する。また、本研究で対象とする時期においては、「運動技術」が「技術の巧拙」や「技術に秀でている」のように、各個人の出来栄えをあらわす概念としても用いられている。つまり、当時の体操科における「運動技術」は「技術を個人的に身につけたもの(9)」である運動技能を含んだ多義的な概念であったと考えられる。そのため、本研究では運動技術と運動技能の両方を含む用語として「運動技術」を用いる。そして、運動ができるようになること、上手になることを「運動技術」習得と捉え、「運動技術」に関する授業者の児童・生徒への働きかけを「運動技術」指導と表記する。

第三節　先行研究の検討

これまでの体育史研究において、体操科における「運動技術」指導をめぐる問題を直接的に考察した研究はみられない。そのため、学校体育通史、制度史研究や、特定の人物あるいは問題を考察した研究の中で断片的な記述が存在するのみである。しかしながら、先行研究から「運動技術」指導に関する記述を抽出し、時系列に沿って整理すると、以下のようになる。

まず、要目公布以前の一九〇四(明治三七)年、体操遊戯取調委員の高島平三郎は、「体操科の目的」の一つに「技術の修練[10]」を位置づけていたが、「技術に巧にするだけに止まらず、被教育者の身体・精神に『有案的影響』を与えなければならない。さもなければ芸人の養成と異なるところがない[11]」と戒めていた。「技術の修練」を目的に位置づけていたにもかかわらず、「技術に巧にするだけ」では「芸人の養成」にすぎないと注意していることから、高島は「運動技術」指導のあり方を問題にしていたと考えられる。「運動技術」が体操科に位置づけられ、指導上の注意が記されるのは高島の著作が初めてであり、「運動技術」指導をめぐる問題はこの時期が起点になっていたと考えられる。

続いて、一九一三年の要目でも「体操科教授の目的が身体修練に止まらず、身体及び精神の陶冶にあることを指摘し、技術の末に走ることを戒め[12]」ており、要目の作成者である永井道明も、「体操科の指導のねらいは生徒の心身を陶冶することにあるから、徒らに技術の末に走ってはならない[13]」、「運動や技術は身体と精神とを陶冶するための方便材料に過ぎない[14]」と戒めていた。「方便材料」という記述から、永井は「運動技術」を否定していたわけではなかったが、体操科では「運動技術」自体に積極的な意義が認められていたわけではなく、あくまでも身体や精神を陶冶することが目指されていたといえる。

しかし、要目公布後の一九二〇(大正九)年には、尼子止、斎藤栄治が、「殆んど軍隊式に練習した結果、実際上の技術は実に見事に出来たと云うが、偖て児童の身体的発育律や健康状態を調査して見ると、却って不良の成績であった」のように、「技術至上主義の反教育的問題性」を批判していた。「技術至上主義」という言葉は、「運動技術」を最上の目的であるかのように重視する傾向を表していると解釈できる。すなわち、「技術の末に走る」ことが戒められていたにもかかわらず、現場には「運動技術」を重視する傾向が存在していたのである。ただし、尼子らはこの問題に対して、「従来の技術観には、『技術其のものを内観として方法を講ずると云うことが全然度外視されて居る』」と、「運動技術」の捉え方を問題にし、「内観としての技術を強調することによって、子どもの発達に即した技術の主体的意味を力説[15]」していた。つまり、尼子らは、「運動技術」を軽視するのではなく体操科における意味を捉えなおし、強調していたのであり、一九二〇年には、運動の主体である児童・生徒にとって「運動技術」が何らかの重要な意義を有するという考えも存在していたのである。

その後、一九二六年の要目改正でも、「『技術ノ末』に走ることを深く戒め[16]」ており、さらに一九三六年の要目改正の際には、『学校体操教授指針』(目黒書店、一九三六年)において、「体操科の授業が技術の末に走り易く、身体の修練を以て足れるかの如く見られ易い欠点があった」のように、「技術の末に走る」指導に陥っていたことが明確に批判されるまでになっていた。そのため、要目上に「『人格を陶冶……』の字句[17]」が加えられ、人格陶冶が強調されるようになった。同様に、要目改正の要旨でも、「従来の指導が技術の熟達を最上の目的として本筋から離れている。運動技術の修練だけでなく、それに依って得られる合理的身体修練と精神練磨を重視して、全人格の完成と団体的生活訓練に役立たせること[18]」のように、従来の指導が「技術の熟達を最上の目的」としていたことへの反省から身体や精神、人格が強調されるようになった。これらの文言は高島から続く主張と共通した内容であるが、従来の注意では止めることのできないほどに「技術の末に走る」傾向が強くなっていたため、人格陶冶という目的をより一層強調する必要が生じたのではないかと考えられる。

このように、身体や精神、人格の陶冶が強調されていた一九三六年、篠崎謙次は、篠原助市の体育論に依拠し、「技術は人格的意味を内在」するとして「人格陶冶の根本的契機としての技術(=堪能)を力説[19]」していた。つまり、「運動技術」を当時の主要な課題であった人格陶冶と関係づけていたのである。これは、「技術の末に走る」ことを批判していた要目関連の文言と矛盾を感じさせる。また、一九四〇(昭和一五)年には浅井浅一が、日本古来の「技術練習」に依拠して「技術は心術」と捉え、「運動技術」習得における「心的世界の変容」を分析していた。そして、「技術の世界をこのように理解するとき、『身体は、精神の顕現様相であると体育の本質をつかれた篠原教授のことばがここに生命あるものとして我々に迫ってくる[20]』」と、篠原の体育論に言及しつつ「運動技術」を体育の本質と関係づけている。つまり浅井は、篠原の体育論を体現するものとして「運動技術」を捉え、「運動技術」習得における心の変容こそが体操科の本質と考えていたのである。このような浅井の理論も、「技術の末に走る」という批判とは「運動技術」に対する考え方が異なると感じられる。すなわち、一九三六年頃には、篠原の影響によって「運動技術」に新たな意義が付与されるようになったことがわかる。

第四節　研究の課題

第一項　研究の意義

先行研究の記述を整理すると、第一に、「技術の末に走る」ことが繰り返し戒められていたにもかかわらず、「技術至上主義」や「従来の指導が技術の熟達を最上の目的として本筋から離れている」というように、現場では「運動技術」を唯一の目的であるかのように追求する傾向が強かったことがわかる。つまり、「運動技術」指導をめぐって理論と実践の間には乖離が存在していたといえる。第二に、繰り返される批判の一方で、「運動技術」の意義が様々に論じられていた。時系列でみていくと、永井は「方便材料」というように消極的な意義づけであったが、尼子らは「運動技術」の「主体的意味」を力説し、積極的な意義を見出していたと思われる。さらに、篠崎は「運動技術」を「人格陶冶の根本的契機」と捉え、浅井も「体育の本質」と関係づけていた。

先行研究をみる限り、「運動技術」に対する積極的な意義づけは一九二〇–四〇年までの間に展開されている。また、「運動技術」指導に関する批判についても、一九一〇年代は「技術の末に走る」ことへの戒めにとどまっているが、一九二〇年には「技術至上主義」が明確に批判されており、この時期には「運動技術」指導をめぐる問題が顕在化していたといえる。一方、一九四一（昭和一六）年には体操科から体錬科へと名称が変わるが、「国民学校体錬科教授要項」等において「技術の末に走る」という批判はみられない。以上のことから、一九二〇–四〇年が「運動技術」指導をめぐる問題のピークであったと考えられる。しかしながら、「運動技術」指導を直接的に考察した歴史研究はみられず、先行研究は問題の指摘のみにとどまっている。

したがって、本研究では、一九二〇–四〇年の体操科を対象とし、「運動技術」指導をめぐる問題の詳細や問題に対する取り組みを解明することが大きな課題となる。本研究の意義は、第一に、この問題が長期間にわたって体操科に存在し続けていたということである。要目等で指摘される問題であったにもかかわらず、一向に終息する気配がみられなかったということは、単に指導の内容や方法に関する問題にとどまらず、より大きな問題が内在していた可能性が高い。これまでの研究は、「技術の末に走る」指導が行われていたという事実のみを繰返しており、その背後に内在する問題までは明らかにしていない。当時の体操科を貫いていた問題を明らかにするためには、「運動技術」指導を軸に体操科を検討する必要がある。つまり、本研究の一つ目の意義は「運動技術」指導をめぐる問題の検討を通して体操科に内在していた問題にせまることである。

第二に、現代の体育科教育との関連性である。当時と目標や内容等が異なるとはいえ、「運動技術」指導をめぐって理論と実践に乖離が生じていた当時の体操科は、意義を問うことなく運動技術を追求する傾向がある現代と何らかの問題を共有している可能性がある。また、現代のこうした学習観は長い歴史の中で形成されたと考えられるため、本研究が対象とする一九二〇–四〇年の影響を受けている可能性も否定できない。現代の体育科教育では運動技術中心の学習観からの転換が求められているが、どのようにそれを実現していくのかを考察するうえで、当時の体操科が「運動技術」指導をめぐる問題にどのように取り組んだのかを明らかにし、その成果と課題を考察することは何らかの示唆を与えると思われる。

第二項　研究の課題

先行研究から、主として一九二〇—四〇年に「運動技術」指導をめぐる問題が存在していたことが明らかになった。しかしながら、問題の詳細や問題に対する体操科の取り組みについて解明するためには、いくつかの課題が残されている。

第一に、「技術の末に走る」という批判が繰り返されていたことを指摘する一方で、具体的にどのような指導が批判されていたのかということは明らかにされていない。特に、「技術の末」という文言が示す意味が不明確なままである。「運動技術」に価値を認めず、指導すること自体を批判する文言であったのか、「運動技術」に本筋と末節があると考え、指導する内容を問題にしていたのか、あるいは、「運動技術」指導は認め、指導法を問題にしていたのであろうか。関連して、「技術の末に走る」という批判の具体的な内容が一九二〇—四〇年という時間的経過とともにどのように変化していったのかも明らかにされていない。「技術の末に走る」ことが繰り返し批判されていたという指摘から、体操科における「運動技術」指導をめぐる問題には何の進展もなかったという印象を受ける。しかし、文言上は同じ「技術の末に走る」という批判であっても、時代とともに新たな問題が提起され、広がりや深まりをみせていた可能性は否定できない。「運動技術」指導をめぐる問題について解明するためには、まず「技術の末に走る」と批判される指導とは何であったのか、またそれは一九二〇—四〇年の時間的経過の中でどのように変化していったのかを明らかにする必要がある。

第二に、なぜ再三の批判にもかかわらず「技術の末に走る」指導が続いていたのかということも明らかになっていない。問題の要因が解消されなければ、どのような理論を提唱しようとも克服にはならず、「運動技術」指導をめぐる問題に対する取り組みの成果と課題を検討するためには、問題の要因を把握したうえで、その要因が解消されていったのか否かを検討する必要がある。では、どこに要因が潜んでいたのか。「技術の末に走る」という問題は、換言すれば理論と実践の間に生じていた乖離であることから、要因としてまず考えられるのは現場に存在していた問題と理論的な限界である。両者に何らかの問題や限界が存在していたために、容易には解消されない乖離が生じたと考えられる。加えて、「運動技術」に何らかの有用性が認められていた可能性が考えられる。先行研究から、「技術の末に走る」ことが批判される一方、「運動技術」指導を通して身体や精神、人格を陶冶しようとする考えも確認される。「運動技術」に有用性が認められていたとすれば、そうした理論が結果として「技術の末に走る」要因になった可能性は高い。そこで、現場に存在する問題、理論的限界、「運動技術」の有用性という三つの観点から、当時の体操科で「技術の末に走る」指導が続いていた要因を検討する必要がある。

第三に、篠原助市の影響を受けて生まれてきた「運動技術」に関する理論が、「技術の末に走る」という批判とどのような関係にあったのかということを明らかにする必要がある。篠原が著わした論文「体育私言」は「従来の体育論にあきたりない、当時の体育関係者に思想的に大きな影響を与えた。その後、一部ではあまりにも批判的過ぎると言われたが、彼の所論は、レベルの高い理論的体育観として重要視され、注目され、実践された」[21]と評価されており、彼の体育論をもとに「運動技術」の意義が論じられたことは、「運動技術」指導をめぐる問題を考察するうえで重要な意味をもつ。しかしながら、「技術の末に走る」ことを批判する理論と、「運動技術」を人格陶冶の根本的契機あるいは体育の本質と捉える理論とは一見対立しているように思われる。先行研究は、篠崎や浅井の理論を「日本ファシズム体育思想」という観点から分析しており、「技術の末に走る」という批判との関係には言及していない。篠原に依拠した彼らの理論は、「技術の末に走る」という批判と対立していたのか、いなかったのか。対立していたとすれば、二つの対立した考え方が体操科の中で共存していくのか、あるいは「運動技術」の価値が高まり、もはや「技術の末に走る」という批判は消失していくのか。こうした疑問を解明することは、「運動技術」指導をめぐる問題が篠原の影響を受けて複雑化していくのか解消されていくのかということを検討することに他ならず、重要な課題といえる。

第四に、実践を担っていた授業者が「運動技術」指導をめぐる問題にどのように取り組んでいたのかを明らかにする必要がある。先行研究が示すように、「技術の末に走る」という批判は学校現場の指導に向けられていた。そのため、「運動技術」指導をめぐる問題に対する取り組みの成果と課題を明らかにするためには、当時の授業者が「技術の末に走る」という批判をどのように捉えていたのか、そのうえでどのような指導法を構築し、実践していたのかを明らかにしなければならない。批判が繰り返されていた事実から、実践は常に「技術の末に走る」傾向にあったという印象を受ける。しかし、結果として「技術の末に走る」傾向が強かったとしても、現場には何らかの取り組みや葛藤が存在していたと思われる。様々な制約の中で問題に取り組む授業者の実態にせまることは、当時の問題について把握するのみならず、現代の体育科教育にも示唆を与えると思われる。

以上を踏まえ、本研究では一九二〇–四〇年を対象とし、以下の四点を課題とする。第一に、「技術の末に走る」という批判の具体的な内容を明らかにする。第二に、「技術の末に走る」指導が行われていた要因を明らかにする。第三に、篠原助市に依拠した体育論と「技術の末に走る」という批判との関係を明らかにする。第四に、授業者が実践という時間的・環境的制約の存在する活動の中で、「運動技術」指導をめぐる問題にどのように取り組んでいたのかを明らかにする。以上の課題を解明し、「運動技術」指導をめぐる問題に対する取り組みの成果と課題を考察する。

なお、「技術の末に走る」という批判は、全国の体操科実践に向けられた批判であり、「運動技術」指導をめぐる問題はそれぞれの学校現場にも存在していたと考えられる。そのため、批判が克服されたのか否かを明らかにするためには、最終的には各学校の実態にせまる必要がある。しかし本研究では、「運動技術」指導に関する理論を中心に検討し、実践の検討は部分的にとどめる。各学校についての詳細な検討は今後の課題とする。

第五節　研究の方法

第一項　史料

本研究では、当時の体操科における「運動技術」指導や「技術の末に走る」という批判に言及していた人物の著書、雑誌論文を主たる史料とする。

雑誌については、当時の体操科に対する影響力と掲載された論文の内容を踏まえ、『体育と競技』、『学校体育』、『小学校体育』、『教育研究』の四誌を使用することとした。『体育と競技』は東京高等師範学校（以下東京高師）内の体育学会により一九二二（大正一一）年三月に創刊された雑誌であり、「学校体育、課外遊戯・競技の先駆として、学校体育の現場教員だけでなく、体操科教員検定の好参考書として流布された」[22]と評価されている。また、「発行部数実に一万と号して教育雑誌中の最大記録である」[23]とされており、当時最も影響力のある体育雑誌であったと考えられる。

『学校体育』は日本体育学会により一九二九（昭和四）年二月に創刊され、一九四〇年一二月までの約一二年間継続した雑誌である。[24] 発行部数は一九三五（昭和一〇）年二月までが四八〇〇部、以後六三〇〇部とされ[25]、『体育と競技』には及ばないものの、「内容的には決して遜色無きもの[26]」と評価されている。

『小学校体育』は、一九三六年一〇月に成美堂によって創刊され、「執筆者及び賛助員」には二宮文右衛門、野口源三郎、岩原拓、森秀、宮田覚造など、要目調査委員として当時の体育界を牽引した人物が含まれている。したがって、体操科実践に少なからず影響力を及ぼしていたと考えられる。また、創刊の意図として、「実践的問題を解決する為に、特に研究範囲を小学校に限り、専ら児童体育にその対象を置き、最も具体的にして而も現代人の要求に適合する全然新しき指導体系を以て雑誌『小学校体育』を刊行することになった[27]」と記されているように、実践に焦点をあてた雑誌といえる。つまり、特に当時の体操科における実践や指導法について検討するうえで有効な史料と考えられる。

『教育研究』は、一九〇四年に東京高等師範学校附属小学校（以下東京高師附小）の「初等教育研究会」によって創刊された雑誌であり、「地方の小学校が公費で購入した唯一の教育雑誌といっても過言ではなくなる[28]」、「東京高師附小の『教育研究』は教授法研究の拠点である高師附小における研究成果の発表の場であったため、普及度も高く、権威あるきわめてモデル伝達的性格の濃い雑誌として評価されていた[29]」のように、小学校現場への普及度や権威の高さが評価されている。

なお、本研究では、史料引用の際、旧仮名遣いを新仮名遣いに改めた。

第二項　対象

一、人物

体操科における「運動技術」指導をめぐる問題について検討、考察するために対象とする人物と、その意義を以下に示す。

まず、第一、第二の課題である、「技術の末に走る」という批判の内容とその要因を明らかにするために、当時の学校体育界の中心的人物であり、要目調査委員を務めていた大谷武一と二宮文右衛門を取り上げる。「技術の末に走る」という文言は要目に繰り返し記されていたが、「要目に於ては一定の教材を排列して示してはあるけれども、その指導の仕方に於ては詳細な説明はなく[30]」、「教授上の注意」で端的に記されているに過ぎない。そのため、「技術の末に走る」という批判が何を意味していたのかを明らかにするためには、要目調査委員の体育論を分析する必要がある。また、多数の委員の中から大谷と二宮の二人を対象とする根拠は、まず、学校体育界での彼らの立場である。大谷は、一九二一（大正一〇）年に東京高師の教授に就任し、「翌十一月、永井道明教授の退職とともに、高師体育科主任となった」人物である。この就任は、「日本の学校体育界が永井時代から大谷時代へと転換したことを意味し」ており、一九二一年からの「約二十年間の学校体育は、先生を中心に展開されたといっても過言ではない[31]」と評価されている。二宮文右衛門は、一九二五（大正一四）年に「大谷武一氏の後をおそって（原文ママ）、高師体育科の主任教授となった」人物であり、大谷とともに「永井さん以後の学校体育の中心人物であった[32]」と評価されている。つまり、一九二〇–四〇年の体操科は彼らを中心として展開されており、彼らの理論が当時の体操科を代表するものであったと考えられる。次に、大谷、二宮の著作に対する評価である。一九二〇年代に公刊された二宮の『学校体操』(目黒書店、一九二六年)と大谷の『教育体操』(目黒書店、一九二八年)は「体操科指導参考書の双璧[33]」であったとされ、また「第二次の要目改正の後は、大谷武一氏、二宮文右衛門氏の著書が、学校体育指導の中心的な参考図書であった[34]」とも評価されていた。このように、彼らの著作が現場の授業者にとって主要な参考書であったことから、「技術の末に走る」という批判の内容や要因について把握するためには、彼らが著作の中で「運動技術」指導についてどのように論じていたのかを明らかにする必要がある。

次に、第三の課題である、篠原助市に依拠した体育論と「技術の末に走る」という批判との関係を検討するため、愛媛県師範学校教諭及び同男子附属小学校訓導の篠崎謙次と東京府立第三中学校教諭の浅井浅一を取り上げる。彼らを対象とする根拠は、まず、彼らが訓導あるいは教諭であり、篠原に依拠して構築した「運動技術」に対する考え方を指導法に反映していたことがあげられる。「技術の末に走る」という批判は現場の指導に向けられた批判であるため、篠原助市に依拠した体育論と「技術の末に走る」という批判との関係を検討するためには、より実践に近い次元で比較することが必要である。次に、「運動技術」に対する考え方や指導法について言及した著作の多さである。本研究で対象とした四誌から、篠原助市の体育論や「運動技術」について言及しているものを抽出していくと、篠崎が一一本、浅井は一三本存在する[35]が、篠原の体育論に依拠しつつ「運動技術」についてこれほど論じている訓導や教諭は彼らの他にみられない。著作の多さは、彼らの影響力を示すとともに、「運動技術」に対する考察の深さを物語っている。そして、篠崎と浅井がともに篠原が教授を務めていた東京文理科大学で学んでいたことである。篠原と彼らの関係は明らかにされていないが、ともに篠原が東京文理科大学在籍中[36]に入学・卒業しており、何らかの接点があった可能性は高い。したがって、篠原の体育論に依拠した「運動技術」の考え方を明らかにするためには、彼らに注目することが有効といえる。

第四の課題である、「運動技術」指導をめぐる問題に対する授業者の取り組みを解明するために対象とする人物は、東京高師附小の訓導であった齋藤薫雄と中島海である。彼らが所属する「東京高師附小は政策と実践の間にあって、現場の教育課題を引き取り、実践理論研究にもとづくカリキュラムや教育方法のモデルを全国の小学校に示した[37]」とされるように、政策・理論と実践をつなぐ役割を担っていた。体操科についても「東京高等師範学校の附属小学校における体育の研究と指導は、このころ（一九二六―三〇年頃――引用者）から、中島海・齋藤薫雄両氏によって、以後十数年つづき、わが国小学校体育の輝かしい指導的立場を固めていく[38]」のように、まさに本研究が対象とする時期は中島、齋藤の二人が指導的立場を担っていたと評価されている。本研究で対象とする雑誌四誌をみても、彼らの指導法や指導案、授業記録等が一九二〇―四〇年の間に一〇〇本以上掲載されており、二人の現場に対する影響力の強さがわかる。「技術の末に走る」という問題は、先述したように理論と実践の乖離であり、この問題について考察するためには、両者をつなぐ役割を担っていた彼らに注目する必要がある。

二、時期

本研究では、「運動技術」指導をめぐる問題が顕在化し、体操科における主要な課題になっていたと考えられる一九二〇―四〇年を検討の対象とする。しかしながら、人物ごとに注目する時期や使用した史料の年代が異なるため、ここでは対象とする具体的な時期を人物ごとに示す。

まず、大谷武一については東京高師教授となった一九二一年以降に注目し、一九二四―一九三八（大正一三―昭和一三）年の史料を使用した。二宮文右衛門は、東京高師助教授となった一九二〇年以降に注目し、一九二三―

四〇（大正一二―昭和一五）年の史料を使用した。

続いて、篠崎謙次と浅井浅一については、篠原助市に依拠した体育論を検討の対象としているため、篠原が「体育私言」を著した一九三二（昭和七）年以降が対象の時期となる。史料の内容と収集状況を踏まえ、篠崎は一九三六―四〇年、浅井は一九三五―四〇年の史料を使用した。

最後に、齋藤と中島については、東京高師附小での活動を対象とするため、それぞれが訓導に就任した時期以降が検討の対象となる。齋藤は一九一八（大正七）年に訓導に就任しているが、本研究の対象が一九二〇年以降であることや史料の内容を踏まえ、一九三〇―三九（昭和五―一四）年の史料を使用した。中島は東京高師附小の訓導に就任した一九二三年以降に注目し、一九二五―三九年の史料を使用した。

第三項　論述の手順

第一章では、大谷武一と二宮文右衛門の体育論を検討、考察し、第一の課題である「技術の末に走る」という批判が示す内容と、第二の課題である「技術の末に走る」要因を明らかにする。「技術の末に走る」という批判の内容については、まず、「技術の末に走る」という文言が何を意味していたのかを検討し、批判の射程を明らかにする。そのうえで、大谷、二宮が批判していた指導とは具体的に何であり、それに対し彼らが提唱する指導とはどのようなものであったのかということを明らかにする。つまり、「運動技術」指導をめぐって理論と実践の間に生じていた乖離を明らかにする。「技術の末に走る」要因に関しては、現場に存在した問題、大谷と二宮の体育論に存在した限界、「運動技術」の有用性という三つの観点から分析する。

第二章では、篠崎謙次と浅井浅一の体育論を分析したうえで、篠原助市に依拠した体育論と「技術の末に走る」という批判との関係を明らかにする。ここでは、第一に、篠崎、浅井が篠原の体育論をどのように捉え、「運動技術」にどのような意義を付与したのかを明らかにする。第二に、どのようにして「運動技術」が人格陶冶や体育の本質に寄与するようになると考えていたのかを明らかにする。第三に、それぞれの「運動技術」に対する考え方をどのように指導法へ反映したのかを明らかにする。以上のように「運動技術」に対する彼らの考え方を明らかにしたうえで、第一章で明らかにした「技術の末に走る」という批判との関係を検討する。

第三章では齋藤薫雄と中島海を取り上げ、実践の中で「運動技術」指導をめぐる問題にどのように取り組んでいたのかを明らかにする。まず、彼らが当時の「技術の末に走る」という批判に対してどのような見解を示していたのかを明らかにし、実践を分析する際の視点を提示する。具体的には、彼らの体育観を把握しつつ、彼らが「技術の末に走る」という批判をどのように捉え、そのうえでどのような指導法を構築していたのかを明らかにする。続いて、彼らが自身の考えをどのように実践に反映していたのかを明らかにする。

終章では、これまで明らかにした理論や実践を総合的に考察し、一九二〇―四〇年という時間的経過の中で体操科が「運動技術」指導をめぐる問題に対して残した成果と課題を示す。また、課題については、なぜ解消することができなかったのかということを可能な限り考察する。

以上のように、これまで断片的にしか語られてこなかった「運動技術」指導をめぐる問題について理論と実践の二側面から体系的に検討することで、一九二〇―四〇年という二〇年間にわたり体操科に内在していた問題を明らかにし、学校体育史研究に新たな歴史像を示すことが可能になる。また、当時の体操科が「技術の末に走る」傾向にあった要因や問題の克服に向けた取り組みは、運動技術を学習する意義や学習のあり方を考察することが求められている現代の体育科教育にも示唆を与えると思われる。

【引用文献及び注】

（1）菊幸一「現代社会における教育課題と『楽しい体育』」全国体育学習研究会編『『楽しい体育』の豊かな可能性を拓く――授業実践への手引き――』明和出版、二〇〇七年、四四ページ。
（2）高橋健夫「めあて学習の意義と問題点」『体育科教育』第四五巻四号、一九九七年、一四ページ。
（3）松田恵示『『遊び』から考える体育の学習指導』創文企画、二〇一六年、一四ページ。
（4）松本大輔「体育で学ぶこと（体育の内容論）」鈴木直樹・梅澤秋久・鈴木聡・松本大輔編『学び手の視点から創る小学校の体育授業』大学教育出版、二〇一三年、三〇ページ。
（5）『官報』第一四七号、一九一三年一月二八日、五三六ページ。
（6）『官報』第四一二六号、一九二六年五月二七日、六八四ページ。
（7）文部省「学校体操教授要目改正の要旨並改正の要点」『文部時報』第五七七号、一九三七年三月一日、一三五ページ。
（8）岸野雄三・多和健雄『スポーツの技術史――近代日本のスポーツ技術の歩み――』大修館書店、一九七二年、一四ページ。
（9）岸野雄三『体育史――体育史学への試論』大修館書店、一九七三年、八三ページ。
（10）木下秀明『日本体育史研究序説：明治期における『体育』の概念形成に関する史的研究』不昧堂出版、一九七一年、二二六ページ。
（11）木村吉次「近代日本の体育思想一五　高島平三郎――『科学的体育』の志向」『体育の科学』第一五巻八号、一九六五年、四六九ページ。

(12) 今村嘉雄『日本体育史』不昧堂出版、一九七〇年、五一七ページ。
(13) 同右、五二七ページ。
(14) 木村吉次「学校体操教授要目(大正二年)の制定過程に関する一考察」『中京体育論叢』第六巻一号、一九六四年、一〇四ページ。
(15) 入江克己『大正自由体育の研究』不昧堂出版、一九九三年、一七〇―一七一ページ。
(16) 岸野雄三・竹之下休蔵『近代日本学校体育史』日本図書センター、一九八三年、一四六ページ。
(17) 同右、一八四ページ。
(18) 井上一男『学校体育制度史』増補版、大修館書店、一九七〇年、一〇九ページ。
(19) 入江克己『日本ファシズム下の体育思想』不昧堂出版、一九八六年、一五四ページ。
(20) 同右、一六三―一六四ページ。
(21) 大場一義「篠原助市『体育私言』」松田岩男・成田十次郎編『身体と心の教育』講談社、一九八一年、二六〇ページ。
(22) 今村嘉雄・宮畑虎彦『新修体育大辞典』不昧堂出版、一九七六年、九一六ページ。
(23) 真行寺朗生・吉原藤助『近代日本体育史』日本体育学会、一九二八年、三八〇ページ。
(24) 恩田裕「雑誌『学校体育』について」『成城法学教養論集』第一一号、一九九四年、一ページ。
(25) 真行寺朗生「近時の所懐と心境」『学校体育』第一四巻三号、一九三五年、八九ページ。
(26) 前掲「雑誌『学校体育』について」、一ページ。
(27) 「発刊の辞」『小学校体育』第一巻一号、一九三六年、一ページ。
(28) 木戸若雄『明治の教育ジャーナリズム』近代日本社、一九六二年、一一三ページ。
(29) 大西公恵「一九〇〇年代の東京高等師範学校附属小学校における読方教育論:『教育研究』および全国小学校訓導協議会での議論を中心に」『和光大学人間学部紀要』第七号、二〇一四年、一〇二ページ。
(30) 二宮文右衛門『体育全史』目黒書店、一九三四年、四七一ページ。
(31) 今村嘉雄「大谷武一先生をおもう」大谷武一体育選集刊行会編『大谷武一体育選集　別冊』杏林書院・体育の科学社、一九六七年、二一九ページ。

(32) 今村嘉雄「学校体育に寄与した人々（二）――二宮文右衛門」『学校体育』第二巻七号、一九四九年、二一ページ。
(33) 同右、二二ページ。
(34) 前掲『学校体育制度史』増補版、一一五ページ。
(35) 浅井は第二章で引用した史料の他、以下の著作でも「運動技術」に言及している。浅井浅一「技術の性格とその精神」『小学校体育』第四巻三号、一九三九年、六七–七〇ページ、浅井浅一「荘子に現れた技術観」『小学校体育』第四巻八号、一九三九年、四六–五二ページ。
(36) 篠原助市が東京文理科大学に教授として勤めていたのは一九三一–一九四一年とされている（前掲「篠原助市『体育私言』」、二六二–二六三ページ）。
(37) 大西公恵「一九三〇年代初期における国語科の教育目的の問い直し：第三四回全国小学校訓導協議会の議論を通して」『和光大学現代人間学部紀要』第九号、二〇一六年、五八ページ。
(38) 佐々木等「体操・体育科」東京教育大学附属小学校創立百周年記念事業委員会編『東京教育大学附属小学校教育百年史：沿革と業績』東京教育大学附属小学校創立百周年記念事業委員会、一九七三年、六二二ページ。

第一章 要目調査委員の体育論にみる「運動技術」指導をめぐる問題

第一節 大谷武一の体育論にみる「運動技術」指導をめぐる問題

大谷武一は一八八七(明治二〇)年五月一四日、兵庫県加西郡加茂村に生まれた。一九〇八(明治四一)年に兵庫県姫路師範学校を卒業し、兵庫県加西郡小野小学校の訓導になる。そして一九〇九(明治四二)年には東京高師文科兼体操専修科(国語漢文)へ入学する。さらに一九一三年に同校を卒業し、東京高師研究科に入学する。その後、東京高師附属中学校体操及び柔道教授嘱託、東京高師助教授、広島高等師範学校助教授を経て一九一五(大正四)年に再び東京高師助教授となり、一九二一年に同校教授に就任する。また、大谷は東京高師教授とともに、体育研究所技師、文部省学校衛生官(ともに一九二四年)、体育運動審議会委員(一九二九年)、全日本体操連盟副会長(一九三〇年)、日本体育協会理事、評議員(一九三二年)、第一〇回オリンピックロサンゼルス大会体操チーム総監督(一九三二年)、日本重量挙競技連盟副会長(一九三七年)、日本ハンドボール協会副会長(一九三八年)など多数の役職を担っており、まさに当時の体育・スポーツ界を牽引した人物といえる。(1)

第一項　「技術の末に走る」という批判の射程

まず、「技術の末に走る」という批判が何を意味していたのかを明らかにする。しかし、大谷は著作の中で「技術の末に走る」という文言は用いていない。そこで、類似した文言を抽出していくと、一九三四（昭和九）年の『改定学校体操の指導』に、「教育的過程を無視せる単なる技術の教授は体育指導という教育的意義の深い仕事のうちで、ただ枝葉末節のみに関与しているに過ぎないものなることを認識しなければならぬ[2]」という記述が確認される。「単なる技術の教授」を「枝葉末節」と述べていることから、大谷は体操科における「技術の教授」を枝葉末節と捉えていたことがわかる。

さらに、大谷は一九三五年の『低鉄棒運動』で、「技術の修得など、実は、全く枝葉末節で、単なる方便に過ぎないのである[3]」のように、「技術の修得」を「枝葉末節」と表現しつつ、「単なる方便に過ぎない」と述べている。同様に、大谷は、一九三八年の「学校体操の指導」で以下のように鉄棒を例にあげて説明している。

> 技術を取扱うことは取扱うのでありますが、しかし技術の収得は決して最終目的ではなく、技術は手段でありまして、運動を通しての身体修練が目的であるのであります。例えば体操では身体を前後に屈げたり、或は伸ばしたり致しますが、それは身体に柔軟性を与え、或は力を増すために行うのであります。鉄棒にぶら下って色々の運動をさせるのも、逆上や、蹴上の技術を教えるのが目的でなく、是等の懸垂運動によって、胸郭を発達させ、器用さと力とを訓練するためであります。[4]

この言及から、大谷が「運動技術」を「身体修練」の手段と捉え、「胸郭を発達させ、器用さと力とを訓練する」ために「逆上」や「蹴上」を指導すると考えていたことがわかる。

また、『改訂学校体操の指導』では、「運動技術」の手段としての位置づけを示しつつ、以下のように指導上の注意点を述べている。

体操の指導は、その方法として通常様式化された教材を児童・生徒に実行させることにあるが、この際様式化された技術の修得ということが、指導の一つの目的となるには相違ないが、体操科に於ては技術の修練を徹しての身体修練・人格陶冶が主要な着眼点であるから、完全な技術を修得させるということのみに没頭せず、指導者としては、寧ろ反ってそれに到る過程に重点をおき、児童・生徒の身体的並に精神的諸能力の向上に力を致すことが肝要である。(5)

大谷は、「技術の修得」を否定するのではなく、「指導の一つの目的となるには相違ない」と述べ、「運動技術」を「身体修練・人格陶冶」の手段として捉えていることがわかる。そのうえで、大谷は「完全な技術を修得させるということのみに没頭」することを戒めている。これこそが、大谷の考える「技術の末に走る」指導であったと考えられる。つまり、大谷は「運動技術」指導を通して身体や精神、人格を陶冶することが体操科の主要な目的であると考え、過程を無視して「運動技術」のみに没頭することを「技術の末に走る」指導と批判していたのである。

以上のことから、「技術の末」とは、体操科における「運動技術」は身体や精神、人格を陶冶する手段にすぎないという意味の文言であったといえる。そして、「技術の末に走る」とは、過程を無視して「運動技術」のみに没頭する指導を示していた。つまり、「技術の末に走る」という批判は、「運動技術」自体を否定していたのではなく、指導のあり方を問題にしていたのである。

第二項　「運動技術」指導における理論と実践の乖離

本項では、大谷が具体的にどのような指導を批判していたのか、そのうえで何を提唱していたのかを検討し、「運動技術」指導をめぐって理論と実践の間に生じていた乖離を明らかにする。

大谷は、『改訂学校体操の指導』の序文で、「運動技術」指導について以下のように述べている。

古い体操と、新しい体操との相違点を探求することになると、それは技術の内ではなくて、指導法の内に之を求めることが出来る。昔の体操では、形式化された技術を生徒にただ模倣させたのであったが、今日の進んだ体操では、固定した形式を授けるのではなくて、生徒から原理に従ってフォームを創造する。随って、昔の体操指導者は、体操に関して一通りの技術を修得していさえすればそれでよかったのであるが今日の指導者に必要なのは、技術ではなくて、反ってその指導原理である。即ち指導者は、児童・生徒の自然的要求を察知し、その要求に即した体育方法を決定し得なければならない。(6)

大谷は、「古い体操」と「新しい体操」を指導法の観点から比較し、「運動技術」の指導法を転換しようとしていることがわかる。「古い体操」とは、「形式化された技術を生徒にただ模倣」させること、「固定した形式を授ける」ことであり、一方の「新しい体操」とは、「生徒から原理に従ってフォームを創造する」ことである。また、大谷のいう指導原理とは、「児童・生徒の自然的要求」に応じることであると解釈できる。つまり、大谷は、「固定した形式」あるいは「形式化された技術」をただ模倣させることを批判したうえで、第一に、児童・生徒の「自然的要求」に応じること、第二に、児童・生徒自身がフォームを創造していくという二つの観点から新しい「運動技術」指導のあり方を提唱していたのである。そして、大谷が述べる「古い体操」と「新しい体操」の差異こそが「運動技術」指導をめぐる理論と実践の乖離であり、「技術の末に走る」という批判の具体像であったと考えられる。

以下では、「技術の末に走る」という批判の具体的な内容を明らかにするため、先述した二つの観点から、大谷がどのような指導を批判し、何を提唱していたのかを明らかにする。

一、指導の「経過」に関する問題

大谷は、『改訂学校体操の指導』で、児童・生徒の「自然的要求」を「指導の経過に対する問題」として以下のように説明している。

指導の経過に対する問題であるが、古来これに関し二つの方法が存在する。その一つは、児童身心の自然的要求を尊重し、教材をごく細かく階段的に整理し、彼等をして殆んど努力させないで指導を進めて行く方法であり、他の一つは、教育の理想からその法案を決定し、一つの教材から他の教材に移る際に多少の

飛躍を予想する方法である。(7)

この言及から、「指導の経過に対する問題」とは、「指導を進めて行く方法」あるいは「一つの教材から他の教材に移る」方法に関する問題であり、「運動技術」指導に即していえば、指導する「運動技術」を発展させる方法と解釈できる。そして、児童・生徒の「自然的要求」を尊重した「経過」とは、「教材をごく細かく階段的に整理し、彼等をして殆ど努力させないで指導を進めて行く方法」であることがわかる。また、ここでは「児童身心の自然的要求」と述べており、「自然的要求」を尊重するとは、児童・生徒の心身を考慮することであると考えられる。一方、大谷は児童・生徒の「自然的要求」を尊重する方法と対照的な方法として、「教育の理想」を基準とする方法をあげ、その方法では新教材に移る際に飛躍が生じると述べている。すなわち、児童・生徒の「自然的要求」に即した「経過」であるか否かの差異は、指導する「運動技術」を児童・生徒の心身に応じて段階的に発展させるのか、教育の理想を基準として急激に発展させるのかという差異といえる。先述のように、大谷は、「自然的要求」に即した方法を指導原理と述べていた。つまり、「運動技術」指導に際し、教育の理想を基準として急激に進歩させることを批判し、児童・生徒の心身に即して段階的に指導することを提唱していたのである。

こうした指導の「経過」に関する考え方について、大谷は、以下のように具体例をあげて説明している。

学校体操の教材は、最終の形を以て記述されているが、それは永い修練の結果到達さるべき最終の形を指示されているに過ぎない。然かも是等の最終フォームは、なお修練の途上にある児童・生徒にとっては全く意味のないものであり、彼等の要求とは縁の遠いものであるから、それよりももっと基礎的な、根本的な要求に基づきその目標を与えなければならない。脚懸上の要領を指導する前に先ず脚をかけて上ることが出来なければならない。平均台上の徐歩が出来るためには、先ず平均台上を歩き得なければならない。それ故に脚懸上の正しい要領を説明する前に、先ず脚を懸けて上らせることが肝要である。同様に平均台上の正しい徐歩の形を指導する前に、先ず平均台上を徐かに歩くことを要求しなければならない。(8)

大谷は、教材の「最終の形」は児童・生徒の要求とは縁遠く、意味がないと述べている。具体的には、「脚懸上の正しい要領」、「平均台上の正しい徐歩の形」を直ちに指導することを批判している。ここで述べている「最終の形」や「正しい要領」こそが、大谷が「自然的要求」と対比していた教育の理想の具体的な内容であり、大谷が批判していた指導とは、正しいとされる教材の形を直ちに要求することであったと考えられる。

一方、大谷が提唱する児童・生徒の「自然的要求」に即した指導とは、「先ず脚をかけて上る」というように、直ちに形を要求するのではなく児童・生徒に応じた目標を与えることであった。大谷は、「脚懸上」において「脚をかけて上る」ことができるようになった後の指導について以下のように説明している。

上れない間は上ることに興味を見出すが容易に上り得るに至るとその興味は失われる。そこで指導者は適当な時期を見て「もっと楽に上って見よ」と努力の方向を指示する。随分精力を無駄に使って上っている者などが反省して、段々無駄な努力が減少し、皆の者が楽に上れるようになったと仮定する。努力して上っている者が楽に上れるようになるためには興味と熱心とをつなぎ得るが、楽に上れるようになってから同じことを何度も繰返すことには熱は起らない。そこで次にこれは最後の階程だが、「立派にやって見よ」と新たな目標を指示する。[9]

この言及から、「脚をかけて上る」、「楽に上れる」という段階を経て、「立派に」という「最後の階程」に導いていることがわかり、直ちに正しい形を要求する指導との差異が明確である。大谷は、平均台の指導についても同様に、「先ず『平均台を渡って見よ』と目的を与える。渡れるようになる。今度は、『徐かに渡れよ』と新たな目的を指示する。静かに渡れるようになる。そこで最後の目的たる『立派な姿勢で……』を与える」[10]のように、先ずは「渡れる」こと、次に「静かに渡れる」こと、そして最後に「立派な姿勢」という目標を与えている。つまり大谷は、直ちに正しい形を指導するのではなく、形はどうであれできるようになることを最初の目標とし、上達に伴って次第に形式的な目標を与えるべきと考えていたのである。

「運動技術」指導の「経過」に対するこのような考え方は、体操科で扱う教材の指導について詳述している一九三七（昭和一二）年の『新教育体操』にも反映されている。跳躍運動を例にあげると、「臂立跳越」について、「跳越は出来るだけ自由な姿勢で行わせるようにし、一通り与えられた障碍物を跳越し得るに至ると、次に障碍の高さを高くし、踏切の位置を変え、或は着地の地点を遠くする等、絶えず新たな条件を加えて修練の過程を要する」[11]のように、まずは「自由な姿勢」で「跳越し得る」こと、続いて高さや距離の進歩を要求すべきと提唱している。また、「臂立跳越」を発展させた教材である「臂立開脚跳越」についても、「なるだけ永い間自由な伸び伸びした貌で跳ばせる。姿勢に対する特殊の要求は出来るだけおそくしたい」[12]のように、直ちに「姿勢に対する特殊の要求」すなわち形式的な要求をすることのないよう戒め、「自由な伸び伸びした貌」を強調している。こうした言及から、大谷が直ちに正しい形を指導することを批判し、児童・生徒の「自然的要求」に即して段階的に指導すべきと考えていたことがわかる。

『新教育体操』にみられるこうした言及は、改訂前の『教育体操』（目黒書店、一九二八年）にはみられなかった。では、大谷はいつから児童・生徒の「自然的要求」に即した指導を提唱するようになったのか。本研究の史料において、大谷が「自然的要求」という語を用いているのは一九三一（昭和六）年の『体育指導の原理と方法』が最初である。その中で大谷は、「児童の発育は、身体的方面に於ても、精神的方面に於ても極めて漸進的に起るものであって、決して爆発的に生ずるものではない。されば、心身発育の刺激として課せられる運動も、その自然的要求に応ずるために漸進的でなければならぬことは言うまでもない[13]」のように、児童の「自然的要求」に応じることの重要性を指摘したうえで、当時の体操科には以下の傾向があると批判している。

決して、これまでが練習教材、これからが新教材というようにその間に画然と階段があるようではいけない。よく世間には「これから何々を教える」と前おきし、それから説明、示範、練習と百年も前に誰かが考えた段階を踏んでいる向も少くないようであるが、この如き方法では、設けることの出来ないところに殊更に階段を設けるのであって、斯ような方法は体操の進め方としては、最も自然に反した方法であり、極めて拙劣なやり方であると言わなければならぬ。[14]

この言及から、先述した『改訂学校体操の指導』と同様、新教材を指導する際に、「これから何々を教える」のように直ちに正しい形を指導する方法を批判していたことがわかる。また、そうした指導が少なくないと述べており、一九三一年には、「運動技術」指導に関する大谷の理論と現場の実践との間に乖離が生じていたといえる。

そして、「最も自然に反した方法であり、極めて拙劣なやり方である」と批判していることから、その乖離は大谷にとって重要な問題であったと考えられる。

それでは、児童・生徒の「自然的要求」に反することはいかなる点で問題であったのか。大谷は以下のように述べている。

指導者がこれから跳越を教えるという風に跳上及跳下と跳越の間に一条の線を明確に引いて了うと、そこに忽ち所謂出来る児童と、出来ない児童との対立が生じ、出来る児童はどしどし跳越の練習をしている間に、出来ない児童は大して跳越の準備にもならない助走の練習だけしか出来難いことになり、ただ彼等は出発点と跳箱との間を往復するだけに終るために、斯くて出来る児童と、出来ない児童との間の隔りが段々大きくなり、出来る方は一層得意になるに反し、出来ない方は甚だしく自信を傷つけられ、ひいては体操そのものを嫌悪するに至るものである。(15)

大谷は、正しい形を直ちに指導する方法では、「出来る児童」と「出来ない児童」が生じてしまうと指摘している。そして、そのことが、第一に「助走の練習だけしか出来難い」児童を生むと述べている。跳躍運動の練習にもかかわらず助走のみで終わるということは、本来跳躍運動から得られるはずの効果が得られなくなることを意味する。換言すれば運動を通した身体修練を妨げると解釈できる。第二に、出来ない児童が「自信を傷つけられ、ひいては体操そのものを嫌悪するに至る」と述べている。大谷は、児童・生徒の「自然的要求」を無視することは、「出来ない児童」の練習を制限し、心身ともに悪影響を与えると考えていたのである。

以上のように、大谷は、「運動技術」指導の「経過」に関して、一九三一年以降、児童・生徒の「自然的要求」という観点から批判と提唱を行っていた。具体的には、教材の正しい形を直ちに指導することを批判し、先ずは自由な形で行わせ、段階的に要求を高めていく方法を提唱していた。

二、指導の「様式」に関する問題

（一）自発性の観点から

先述のように、大谷は『改定学校体操の指導』で授業者の示範を模倣させる指導から児童・生徒自身で創造させる指導への転換を提唱していた。大谷は、これを「指導の様式」に関する問題であるとし、「号令・示範式指導法」、「課題式指導法」、「問答式指導法」の三つの「様式」に言及している。大谷が批判していた示範を模倣させる指導とはこの中の「号令・示範式指導法」であり、以下のように説明している。

示範式の指導とは、これから児童・生徒に実施させようとする運動に就いて、適切な模範を示して之を模倣させる方法である。この方法によると、運動の要領を単に口頭で授けるよりも、要領の捕捉が一層容易であるから、主として低学年の児童・初心者及び簡単に要領を説明し難い材料については、屢々この示範式の指導形式が採用されるが、教育体操に在りては、寧ろ反って指導の過程が重要で、技術の指導を徹しての教育にその重点がおかれているわけであるから、以上に述べた場合のほかは、なるだけ示範式以外の指導様式によるよう奨めたい。[16]

大谷が、授業者の示範を模倣させる指導を、自身が重点を置く「指導の過程」という観点から批判していることがわかる。つまり、示範による「運動技術」指導を、教育に必要な過程を軽視していると捉え、必要以上に行うことを戒めていたのである。

では、いかなる点で問題であったのか。大谷は、「号令・示範式指導法」を「教育の主体たる指導者のみが活動する方法」であり、「児童・生徒はただ指導者の号令に従って動作し、或はその示範を模倣し、機械的に動作を繰返すだけである(17)」と述べている。そして、そのために「課題式や問答式に比べると、概ね受動的で、自発的活動に乏しいという共通の欠点を有っている(18)」と説明している。さらに、大谷は「号令・示範式指導法」のこうした特徴について、「ただ他から命ぜられる運動を、受動的に、反復する如き無意味な労作(19)」と批判している。「無意味な労作」という文言から、大谷がいかに自発的活動を重視し、「号令・示範式指導法」の受動的な点を批判していたのかが明確である。

なぜ受動的であることが問題であったのか。大谷は『改訂学校体操の指導』では述べていないが、一九三一年の『最近体育思潮』で以下のように述べている。

体育運動は、昔から体育とともにそれを通して得られる訓練を目標として行われて来たのであるが、近来は、要求される訓練の内容が大分変って来た。以前は、命令に応ずる服従の精神が強調されていたが、今では、命令を待って行うのではなく凡て運動なり、行為を自主的に起すべき訓練が重視されるに至った。かくて訓練の内容が、被動的から能動的に、他律的から自律的に進んで来たのでである(原文ママ)(20)。

大谷は、体操科において重視すべき内容が、命令に応ずる「服従の精神」から、「行為を自主的に起す」ことへと変化してきたと述べている。また、そうした変化を、「今日の社会でもっと必要なのは、命令をまつまでもなく良いと信ずることは主動的に進んで行うことである。社会のため、国家のために有益なことは自主的に行うということは、更に一層進んだ道徳である(21)」のように社会的な要請であると説明している。ここでいう被動的は受動的と同義であり、能動的、自律的、主動的という語は自発的と同義と考えることができる。つまり、時代的経過の中で、一九三〇年代初期には命令に服従する受動的態度以上に自分から行為する自発的態度が要求されるようになったため、従来の「号令・示範式指導法」による指導が批判されるようになったと解釈することが可能である。

以上のように、大谷は、児童・生徒の自発性という観点から「号令・示範式指導法」を批判し、「課題式指導法」や「問答式指導法」を提唱していた。では、これらはどのような指導法であり、どのような点が教育的であったのか。まず、「課題式指導法」については、「児童・生徒に課題を与え、彼等自身に工夫させつつ之を実行させる方法である」とし、その教育的価値について、「専ら児童・生徒の自発的活動による為に、新教育の精神に合致し、従って、教育的価値がそれだけ拡大されるわけである(22)」と述べている。具体的に児童・生徒の身体や精神にどのように影響を与えるのかということには言及していないが、児童・生徒自身が工夫するという自発的活動に価値を見出しており、自発的に行為する精神を育てるうえで効果的と考えていたことがわかる。

続いて、大谷は「指導者と児童・生徒とが互いに問答をなし、共同して働く方法(23)」である「問答式指導法」を「体操の指導法としては最も教育的な方法(24)」と紹介している。つまり、先述の「課題式指導法」以上に「問答式指導法」を評価していたのである。そして、具体的な方法を以下のように述べている。

さて、脚懸上の指導の場合に於て、「脚を懸けて上って見よ」と問題を与えても、上れる者はその内の幾割もないに違いない。その内の幾人かは脚を懸けることすら出来ない。そこで適当の時期を見て指導者は、「何故脚が懸からないのか」の問を与え、彼等に自己のやり方について反省させる。すると、彼等はよく出来る児童と出来ない児童との要領の相違を比較研究し、自己のやり方を反省して、この問に対する答を得るであろう。その内に幾人かが脚を懸けることに成功する。(25)

この言及から、大谷は、「問答式指導法」を用いることで、児童・生徒が自己のやり方を反省したり他者との相違を比較研究したりするようになると考えていることがわかる。大谷は、以下のようにその教育的価値を説明している。

斯ような指導法に慣らされると、児童・生徒は一々指導者の指示を待たなくとも不断に研究的な態度で他の運動を観察し、体育の諸問題に対して高い程度の理解を有つことになる。然してこれは単に体育の問題に関してそうであるだけでなく、万事に対して、注意力が旺盛となり、工夫創意の能力が高度に修練されることになる。(26)

大谷は、「問答式指導法」が「研究的な態度」を生み、それにより体育のみならず万事に対する「注意力」や「工夫創意の能力」が修練されると考えていたのである。大谷は、こうした能力の重要性を以下のように強調している。

この際に於ける工夫・創意こそ実は教育上最も貴重な獲物であるからこれが発展の為には綿密なる計画と不撓の忍耐とが体操の指導に要求される。然して体操指導の際には、児童・生徒の工夫と創意とを錬らるべき機会が極めて豊富に与えられるわけであるから、指導者はこの機を有効に利用すべきことを忘れてはならぬ。教えることは容易である。が俟つことは難い。然し教えて得たる結果と、工夫・創意によって得たる結果とはその外貌には変りはないが、教育的効果の差異は絶大である。(27)

工夫・創意を「最も貴重な獲物」と評価し、「教えて得たる結果」と「教育的効果の差異は絶大」と述べていることから、大谷が工夫・創意の能力をいかに重視していたのかということが明確である。

このような、児童・生徒の自発性、工夫・創意を重視した「運動技術」指導の「様式」に関する言及は、改訂前の『学校体操の指導』(目黒書店、一九二五年)、『増訂学校体操の指導』(目黒書店、一九二七年)にはみられないが、『最近体育思潮』では、「これ迄は、体操でも、遊戯でも、教えられた形式を忠実に守りさえすればそれで良かったのであったが、今ではこれに種々と、現在の要求に応ずるように工夫を加え、創意、創造の精神を発揮すべき方面に重点が向けられて来た(28)」と記されている。ここでは、「問答式指導法」や「課題式指導法」といった具体的な指導の「様式」に対する言及はみられないが、一九三〇年代初期には、ただ形式を忠実に守ることから、工夫・創意の精神を発揮するという方向に体操科の重点が変化していったことがわかる。

以上のように、大谷は、「運動技術」指導の過程で児童・生徒に工夫・創意させることを重視し、「課題式指導法」や「問答式指導法」を教育的な指導の「様式」として提唱していた。特に「問答式指導法」は最も教育的であると評価していた。こうした提唱は、体操科で重視する内容が服従から自発性へと変化し、自ら工夫・創意することが求められるようになった一九三〇年代初期からみられるようになった。

（二）活動量の観点から

大谷は、『改訂学校体操の指導』では児童・生徒の自発性という点から示範による指導を批判していたが、「学校体操の指導」でも、「示範式一点ばり」であった従来の指導を以下のように述べている。

昔の学校の体操は、専ら技術の教授であったのであります。従って体操の先生といえば、体操の技術を教授する先生という風に考えられていたのであります。でありますから教授法は専ら技術の教授に用いられるところの先生が先ず模範を示して、生徒にそれを真似させる、所謂、示範式一点ばりの教授法であったのであります。(29)

大谷は、「昔の学校の体操は、専ら技術の教授であった」と述べており、従来の指導が、身体や精神の陶冶に寄与することなく「技術の教授」にとどまっていたと考えていたことがわかる。そして、その象徴が「示範式一点ばりの教授法」であったと述べているのである。

しかし、「学校体操の指導」では、以下のように、先述の『改訂学校体操の指導』とは異なる観点から「示範式一点ばりの教授法」の問題を指摘している。

体操の教授も、技術の教授から、身体修練の指導へと進んで参ったのであります。自然このことがまた教授の形式にも変化を来すことになり、これ迄のように、一時間中、教師の方は運動の模範を示すことに忙殺されているのに比べて、生徒の側はちっとも活動しないというような変態的な教授形式が廃れて、子供の活動を本体とする新しい形態の指導様式が産れることになったわけであります。(30)

ここでは、「示範式一点ばりの教授法」を批判の対象としながらも、主眼が「生徒の側はちっとも活動しない」点に向けられており、大谷が活動量という観点から批判していたことがわかる。また、大谷は従来の「技術の教授」から「身体修練の指導」へと考え方が転換したために「新しい形態の指導様式が産れることになった」と述べている。これは、身体を修練するためには「示範式一点ばりの教授法」では不可能であったことを意味している。つまり、大谷は、授業者が示範に時間をかけることで児童・生徒の活動量が減少し、身体修練を妨げると批判していたのである。

では、「子供の活動を本体とする新しい形態の指導様式」とは何であったのか。大谷は以下のように述べている。

指導は永たらしい号令や、下手な示範や、用意！という注意やで、子供を何もしないで永い間待たせておくというようなやり方ではなく、簡単な号令でどしどし運動をやらせることが肝要であります。体操は通常四十分から五十分という、ごく短い時間内に、多勢の児童にいろいろの運動を、然かも、十分にやらせようというのでありますから、出来るだけ時間の無駄を省き、簡潔な号令か、若しくは簡単な教師の誘導によってどんどん運動を進行させるように致したいと思います。(31)

この言及から、示範の代わりに簡潔な号令や誘導を用い、「どしどし運動をやらせる」ことを提唱していたといえる。大谷は、示範による「運動技術」指導に対し、受動的である点のみではなく、活動量の観点からも批判していたのである。

こうした批判は、すでに一九二七（昭和二）年の『増訂学校体操の指導』にみられる。大谷は、「示範を適当に行うことは体操の指導上極めて有効であるが、然し、これが濫用されることになると、反って練習者から体操練習の機会を奪い、体操の効果を減少する結果に至らしむるものである」[32]のように示範の乱用が練習の機会を奪うと述べたうえで、当時の体操科には以下の傾向があったと指摘している。

> 体操の指導者の中には、示範の目的を忘れ、簡易で、然も十分練習された教材で、之に対する示範の必要毫もない場合に於ても、一々丁寧に示範をなし、練習者をして之を傍観させておくような指導をなす人も少くないが、これは明らかに示範の適用を過ったものである。示範は、決して指導者の練習の為めに行われるべきものではない。それ故に、無意味な示範を繰り返し、練習時間を少くするようなことがあってはならぬ。[33]

ここから、示範を必要以上に行い、児童・生徒の練習時間を奪っている授業者が少なからず存在していたことがわかる。この言及は、増訂前の『学校体操の指導』（目黒書店、一九二五年）ではみられず、一九二七年に加筆されたものである。つまり、一九二〇年代中頃にかけて問題が顕著になり、加筆する必要が生じたと解釈される。

さらに、『体育指導の原理と方法』でも、「示範もその適用を誤ると、徒らに児童から彼等の活動時間を奪うことになり、得るところ少く、失うところ多き結果に終るものであるから、指導者たるものは、示範の意義をはっきりと認識し、その適用を誤らないように注意しなければならぬ[34]」のように、示範の問題が活動時間の観点から記されている。また、「失うところ多き結果」という記述から、示範を乱用することは、活動量以外にも失わせるものがあったと推測される。この点について、大谷は以下のように述べている。

御丁寧な指導になると、練習教材で、少しも説明や示範の必要のない教材に対し、一々「次は何々の運動！示範する注目!!」といった塩梅で一々の材料に示範する習慣の指導者も絶無ではないが、斯ようにサンドウイッチ式に児童の体操と、指導者の示範とを交互にはさんで行けば四十分の授業をしたとしても児童に割当てられた時間はその半分の二十分という結果になる。斯の如きサンドウッチ式（原文ママ）のやり方は、徒らに体操の気分を減滅し、児童をして、倦怠の念を生ぜしめ、能率向上の大方針にも反する次第であるから、この点十分注意されなければならない[35]。

この言及から、示範の乱用が「倦怠の念」を生じさせるため、活動量に加え能率をも低下させると考えていたことがわかる。すなわち、児童・生徒の意欲を失わせるために、活動量のみならず、活動の質をも低下させると批判していたのである。大谷は、この著作の冒頭で、「現時の体操の指導には、救済を要すべき多くの無駄があると言い得る。実に、現在では、時間と、指導者の精力とが恐ろしく無駄に消費されているのである」のように、当時の体操科指導の問題を指摘しつつ、「これからは、もっと、如何にして児童に、必要にして十分な運動量を与え得るかと言う方面に、工夫の焦点を移されなければならない[36]」と考慮すべき点をあげている。ここから、示範によって児童・生徒の活動量が低下することは、一九三〇年代初期の体操科における重要な問題であったことがわかる。

以上のように、大谷は指導者の示範による「運動技術」指導の弊害を活動量の観点から説明していた。具体的には、活動量を減少させることが、身体修練の効果を減少させるとともに、「倦怠の念」を与え活動の質をも低下させると述べていた。この批判は一九二七年からおよそ一〇年間にわたって繰り返されており、示範による「運動技術」指導は、まずは活動量の観点から批判され、続いて自発性の観点からも批判されるようになったと考えられる。

第三項 「技術の末に走る」要因

ここまで、大谷がどのような指導を「技術の末に走る」と批判していたのかを明らかにしてきた。以下では、なぜ再三批判していたにもかかわらずそうした指導が行われていたのかを明らかにしていく。

一、現場に存在した問題

まず、学校現場に存在していた問題についてみていく。大谷は、「示範式一点ばり」の指導を批判していた「学校体操の指導」において、問題の要因を以下のように述べている。

伝統の力というものは恐ろしいものでありまして過去の五十年間に亙って、日本の教育界を支配していたところの、この体操科を単なる技能科と見る誤った考方は、余程根強いものと見えまして未だにこの誤った観念に拘われている人々も少くないのでありますが、この体操の指導を一個の技術教授であると見る考方の更らない限り、日本の学校体操は、決して良くならないと思います。[37]

すなわち、「体操科を単なる技能科と見る誤った考方」や「体操の指導を一個の技術教授であると見る考方」が根強く存在しているというのである。こうした認識が主流であったとすれば、大谷がいかなる指導法を提唱しようとも、従来通り「技術教授」に終始するのは当然といえる。

大谷は、こうした認識の存在について、すでに一九二四年の『体育の諸問題』で言及しており、「体育に対して嘆かわしき事実は、一般から、体操とは、単に手首や、膝の関節を柔軟にしたり、尻上りや、振跳を上手にやる技術習得の一実科である、というような謬った解釈を下されたことに起因している[38]」のように、体操が単なる「技術習得の一実科」であるという認識が存在し、そうした認識が「嘆かわしき事実」を生んでいると述べている。すでに一九二四年時点でこのように言及していたにもかかわらず、「学校体操の指導」が著された一九三八年においても認識が改められなかったということから、少なくとも一五年にわたりこうした認識が存在し続けていたといえる。その要因を大谷の史料から明らかにすることはできないが、いずれにせよ体操科を単に「技術教授」の教科と考える当時の認識が「技術の末に走る」指導を招いた一要因であったと考えられる。

また、単なる「技術教授」の教科という体操科に対する認識は、授業者の役割に対する認識にもつながっていた。大谷は「学校体操の指導」で、「昔の体操は、専ら技術の教授であったために、技術が出来さえすればそれでつとまった[39]」のように、「技術教授」の教科という認識が、「技術が出来さえすれば」授業者がつとまるという認識につながっていたと述べている。いいかえれば、「運動技術」の示範が授業者の唯一の役割と考えられていたのである。そのため、「どんなに立派な先生でも、技術が出来なければ体操の教授は出来なかったのに反し、一方ではたとえ教養が低くとも技術の上手な先生が一番よい先生であるということになっていたのでありました[40]」のように、「運動技術」が授業者を評価する唯一の規準であったと記している。同様に『最近体育思潮』でも、「これまでの我が体操界では、技術が出来ることが唯一の指導者の資格であり、その中でも跳箱を一層うまく跳び得る教師は一層優良なる教師であり、鉄棒の出来ない教師は鉄棒は教えられぬ下らぬ教師であるとみられていたのである[41]」と述べている。

以上のように、当時の体操科には、体操科を単に「技術教授」の教科と捉える傾向が根強く存在していた。そしてこの認識が、「運動技術」の示範を授業者の唯一の役割と捉える傾向を生んでいた。大谷は、授業者の示範をただ模倣させる指導を批判していたが、その背景にはこうした認識が存在していたのである。

二、大谷の体育論に存在した限界

先述のように、学校現場には「技術の末に走る」指導を招くような認識が存在していたが、大谷の体育論にも「技術の末に走る」指導の克服を困難にしたと思われる限界が確認される。それは、指導の「様式」に関するものである。大谷は、児童・生徒の自発性という観点から「問答式指導法」や「課題式指導法」を提唱していたが、以下のように「問答式指導法」の限界を述べている。

この問答式の指導法は、体操の指導法としては最も教育的な方法ではあるが、一々の材料に就いて、常にこの指導形式によることは、一面指導の進展を停頓せしめ、且つその煩にも堪え難いから、指導者は、是等の点に就いて十分なる考慮を遂げ、材料の性質と、進行の情況等から考察して、指導の進行に支障なき範囲内に於て、可及的この指導様式に依るよう奨めたい(42)。

この言及から、「問答式指導法」には「指導の進展を停頓」させる、煩わしいという限界が存在していたため、すべての教材において適用することが困難であったことがわかる。また、「課題式指導法」についても、以下のように限界を指摘している。

謂わば体操には全然素人である、児童・生徒の活動にまつこと故、材料の選択に就いても、指導者だけの識見を到底彼等に期待し難い上に体操に最も大切な運動の正しい指導が困難となるために、この様式から十分な効果を収め得る為には、相当体操的に修練された児童・生徒にのみ適用されなければならない(43)。

ここで大谷が述べている「運動の正しい指導」とは「運動技術」指導と考えられる。つまり、大谷は、「課題式指導法」の教育的価値を評価しながらも、適切な教材を選択させることや「運動技術」指導が困難であるため、適用が難しいと考えていたのである。

以上のように、大谷が児童・生徒の自発性という観点から提唱していた「問答式指導法」、「課題式指導法」には、指導が煩わしい、あるいは困難であるという限界が存在した。大谷は、「教えることは容易である。が俟つことは難い。然し教えて得たる結果と、工夫・創意によって得たる結果とはその外貌には変りはないが、教育的効果の差異は絶大である」[44]と述べており、「号令・示範式指導法」に比べて「問答式指導法」や「課題式指導法」が困難であることを理解しながらも、教育的効果という観点から有効な指導の「様式」と提唱していた。しかし、実際に授業を行う現場において、指導の煩わしさ、困難さは重要な問題といえる。つまり、こうした限界が、大谷の提唱する「問答式指導法」、「課題式指導法」の浸透を妨げ、「号令・示範式指導法」に終始させた一要因になったのではないかと考えられる。

三、「運動技術」の有用性

最後に、大谷が「運動技術」に対してどのような有用性を認めていたのかを明らかにしていく。分析の結果、以下の二つが抽出された。

(一) 運動に対する興味の喚起

大谷は、一九二五年の『学校体操の指導』で、「運動技術」に関して以下のように述べている。

班別でやらせる際、時々一つの班の者に、或る運動を、実行させて、他の班の者に、見させると言うようなこともやらせてよい。而して、それに対して意見を述べたり、批評し合ったりすると、正しい形、不正の形、に対する観察の能力が向上せられ、且つ体操に対する、愉快と、興味とを増すものである。また、或る場合には、班と班との間で、運動の技術、或は速さを、競わせるようなことをするのもよい。[45]

このような言及は、一九三七年の『新訂学校体操の指導』まで一貫してなされており[46]、大谷は、児童・生徒同士で運動を見せ合い、「どちらが上手か」というように「運動技術」を比較することで、運動への興味を高めることができると考えていたことがわかる。「運動技術」を競わせようとすれば、同時に何らかの「運動技術」を指導することになる。つまり、大谷は、「運動技術」を指導し、その出来栄えを比較させることに対して、児童・生徒の運動への興味を高めるという点から有用性を認めていたのである。

「運動技術」の比較について、一九三〇年の『学校体育概論』では、「身心の発達を除外して技術の巧拙を競う如きことは、実に大なる矛盾であるが、体操に興味と、熱とを与える手段として体操を競技的に扱う方法が可なり以前から採用されていることは何人も熟知せるところである[47]」と述べている。この言及から、大谷は「技術の巧拙」を競うことによって「身心の発達を除外」してしまうのではないかと危惧していたことがわかる。つまり、「技術の巧拙」を競わせることは、児童・生徒の興味を喚起するうえで有用な反面、行き過ぎると「身心の発達」を無視することにもなりかねないと考えていたのである。換言すれば、「運動技術」の比較は「技術の末に走る」要因となりえるということである。しかしながら、大谷は、先述したように『学校体操の指導』から『新訂学校体操の指導』まで一貫して「運動技術」の比較を推奨していた。つまり、「運動技術」を比較するということには、そのような危惧があってもなお行うだけの有用性があったということを意味する。

さらに、一九三五年の『低鉄棒運動』では、「運動に対する興味は、或る程度の進歩を伴うことを前提とする。然して、この技術を進めるためにも、その方法を合理化しなければならない[48]」と述べている。進歩が前提ということから、「運動技術」の習得なくして児童・生徒の運動に対する興味は高まらないと考えていたといえる。そのため、大谷は指導の「合理化」、すなわち児童・生徒にできるだけ効率よく「運動技術」を指導することを要求していた。
では、なぜこれほどまでに「運動技術」指導を通して興味を喚起することを重視していたのか。大谷は、『学校体操の指導』の緒言で、「体操科の実際は、その理論から非常に離れていて、その効果に於て、その興味に於て甚だ不振の状態にある」[49]のように、「効果」とともに「興味」の不振を課題にあげている。加えて、以下のように著書刊行の意図を述べている。

今後は、体操をもっと愉快なものにし、大にその実績を挙げなければならぬと思うが、それにはもっと体操の指導について工夫する必要があると考える。本書は些かこの点に意を用い、指導に関する実際的方面について述べたものであるから、指導の任に当る人々の伴侶たり得ることと信ずる。[50]

この言及から、『学校体操の指導』の力点が「体操をもっと愉快なものに」することに置かれていたことがわかる。これは、興味を重視していたと解釈される。また、興味が体操科の「実績」を左右すると述べており、児童・生徒の運動に対する興味を喚起することは、一九二五年当時の体操科における主要な課題の一つであったといえる。
そのため、大谷は、『学校体操の指導』の本文でも「学校体操の目標」の一つに「体育趣味の向上」をあげ、その理由を以下のように述べている。

一度学校を出ると、体操を実行するとしないとは、彼等の自由意志によって決められる。その際彼等に体育に対する趣味が欠如しているとすると、彼等は卒業と同時に、体育ということから離れて了うであろう。

之に反して、在学中に体育に関して相当の趣味が養われていたならば、卒業後も引続き、各自の境遇に適した体育法を選んで、これを実行し、高い身体的能率を持続していくことが出来、精神の健全も維持されて、永く体育の恩恵を蒙るに違いない。それ故に学校で体操を課する場合には、与えられた時間を有効に使用すると共に、彼等に運動に対する趣味を喚起しておかなければならない。(51)

大谷は、「高い身体的能率」や「精神の健全」を維持するためには卒業後も「体育法」の実行が必要であると考えており、そのためには在学中に運動に対する「趣味」、いいかえれば興味を喚起することが必要と考えていたのである。つまり、卒業後の身体、精神のために運動への興味を重視していたのである。

また、大谷は『最近体育思潮』では、「究極目的が身体の発達にあるにしても、精神の鍛練にあるにしても、（中略）興味が起こらなければ、熱心も湧かない。斯やうな情況では自然その運動に力がこもらなくなるために、目指す究極目的も結局つかみ得ないことになる」(52)と述べている。つまり、大谷は、興味を喚起することは卒業後の身体、精神に寄与するのみならず、児童・生徒を授業に熱心に取り組ませることを可能にし、間接的に体操科の目的である身体や精神に寄与すると考えていたのである。加えて、大谷は、「体育としての効果を十分に収めるためには体操時間は素よりだが、それよりも、寧ろ反って体操時間以外の時に彼等に十分に活動させることが大切である」という考えに基づき「体操時間には、体育運動に対する健全な趣味を、興味を、喚起すればよい程度のものであってよい」(53)と述べている。この言及から、運動への興味を高めることは、授業に熱心に取り組ませることを可能にするとともに授業時間外の活動を促すと考えていたのである。また、そのことが体育としての効果をあげることにつながると考えていたことがわかる。

以上のように、大谷は、「運動技術」には児童・生徒の運動への興味を高めるという有用性があると考え、合理的に「運動技術」を指導することを提唱していた。また、その背景には、第一に、興味を喚起することが授業に対する熱心さや授業外での活動を促進し、間接的にではあるが体操科の目的に寄与するという考えが存在した。第二に、卒業後の運動習慣の形成につながり、身体、精神にも寄与するという考えが存在した。一九二〇年代中頃の体操科では、従来の指導が興味を欠いていたという反省から、いかに興味を喚起するのかということが課題の一つとなっていた。そうした時代において、「運動技術」を興味と関係づけた大谷の理論は、学校現場にとって「運動技術」を追求する根拠になったと考えられる。また、一九二〇年代以前の体操科を牽引していた永井道明の著作[54]には管見の限り「運動技術」を興味と関係づける記述がなく、この時代は、興味という視点から「運動技術」の意義が認められるようになった時代と解釈することができる。つまり、大谷が、児童・生徒の運動に対する興味を喚起するという「運動技術」の有用性に言及していたことが、大谷が意図した以上に現場を「運動技術」に没頭させることになり、結果として「技術の末に走る」一要因となってしまったのではないかと考えられる。

(二) 授業者に対する尊敬

前項で述べたように、大谷は授業者が示範を乱用し、児童・生徒の活動量を減少させることを批判していたが、一方で、「示範本来の意義は『芸術的動作』によって、練習者に到達すべき理想を知らしめ、且つこれに対する強き欲求を起こさせるにある[55]」のように、示範の有用性にも言及している。同様に、『体育指導の原理と方法』でも、「示範には立派な模範に依って、児童に到達すべき理想を示す場合もある。実際、美しい生気に満てる示範に依ってその運動に対する児童の興味を振起させる効果も相当大なるものがある[56]」と述べている。つまり大谷は、「運動技術」指導に際し、段階を経ずに正しい形を指導することや示範の乱用を批判していたが、授業者の優れた示範が児童・生徒の欲求を喚起することから、乱用にならない範囲で活用することは認めていたのである。ただし、こうした有用性への指摘は、示範の乱用を批判する記述とともに記されており、あくまでも限定的な推奨であった。そのため、大谷のこの言及が直ちに「技術の末に走る」要因になったとは考えにくい。しかしながら、大谷は、当時の体操科には以下の傾向があったと述べている。

体操の材料は、児童生徒の要求に応じて課せられるべき性質のものであるから、指導者の巧拙に依って加減せられるべき性質のものでは勿論無いわけであるが、実際は、懸垂運動の巧者は懸垂運動の指導に偏し、跳躍運動に自信を有する者は跳躍運動の教授に偏するものである。教授者の技術を主にして考えればこれは当然のことではあるが、是等は、遊戯、競技についても同様のことが言えるのである。(57)

この言及から、教師は優れた示範をすることが可能な運動のみを扱い、できない運動は扱わない傾向があったことがわかる。つまり、授業者は、扱う運動を偏らせてまで、得意な運動の示範にこだわっていたのである。当時のこのような傾向から、授業者の示範を「到達すべき理想」として児童・生徒に「運動技術」を指導することは、興味を喚起するだけにとどまらず、それ以上の有用性があったのではないかと思われる。

では、授業者の示範による「運動技術」指導には、どのような有用性があったのか。一九三五年の『体育とスポーツの諸問題』で大谷は、以下のように述べている。

特に青年血気の時代は、割合に英雄崇拝の思想強く、体力や技術に秀でている体育教師の一言一行に動かされることが多い。尤もその教師が無能、無力である場合には、体育の教師を軽蔑することからひいて、自然的に体育を軽視する結果になる。何れにしても、その影響するところは甚大であるから、指導機関も自ら他の専門に比し一層高級なものでなければならぬことになる。[58]

ここから、児童・生徒は「体力や技術に秀でている体育教師」を崇拝する傾向が強かったことがわかる。すなわち、優れた示範ができる授業者は児童・生徒からの尊敬を得ることができたといえる。一方、そうでない場合には、児童・生徒が「教師を軽蔑」し「体育を軽視」する傾向があったこともわかる。児童・生徒が授業者を軽蔑するという状況では、授業者は円滑に授業を展開することは不可能であり、目的を達成することも困難であると考えられる。つまり、授業者が児童・生徒を尊敬させるような示範をすることは、授業の秩序を保ち、円滑に展開するうえで不可欠であったといえる。

以上のように、授業者の示範による「運動技術」指導には、児童・生徒に授業者を尊敬させるという有用性があった。特に、当時は「心身二元論に基づく身体観」により、「体育という教科が他教科よりも低く見られ（中略）体育の教師は他の教科の教師よりも劣る、という見方[59]」が存在していたため、いかに児童・生徒からの尊敬を得るのかということは重要な課題であったといえる。こうした当時の状況が、体操科を示範による「運動技術」指導に傾倒させた一要因になったと考えられる。

第二節　二宮文右衛門の体育論にみる「運動技術」指導をめぐる問題

二宮は一八八四（明治一七年）年宮崎県に生まれた。一九〇六（明治三九年）年に宮崎県師範学校を卒業し、東京高師文科兼修体操専修科に入学する。そして、一九〇九年同校卒業後、研究科に入学する。在学中は東京高師附小体操嘱託を担当する。一九一一（明治四四）年に研究科を卒業し、東京高師附小訓導になる。さらに、一九一九（大正八）年には附属中学校教諭を兼任する。その後、一九二〇年に東京高師助教授、一九二五年に同校主任教授となり、一九四二（昭和一七）年に東京高師を退官するまで大谷とともに体育界を牽引した。(60)

第一項　「技術の末に走る」という批判の射程

まず、二宮が「技術の末に走る」という文言をどのような意味で用いていたのかを明らかにする。二宮は、一九三四年の『体育全史』で、一九二六年の要目改正における「技術の末に走る」という批判について以下のように説明している。

体操科教授の目的に副わせるために、体操科指導精神を確立した。即ち同教授上の注意では、「徒に技術の末に走ることなく」寧ろ体操科に於ける各種の身体運動は、その目的たる「児童の身体及び精神の発達」を求める手段であって、従って此の点に留意し、適切なる指導をなすべきことを示している。これは、いたずらに体操科に於て技術の尊重を事とし、手段を通して形成され行く過程に、重きをおかなかったことに対する一つの警告であったと思われる。[61]

ここから、二宮は、「各種の身体運動」が手段に過ぎないことを強調しつつ、「技術の尊重」を問題にしていることがわかる。すなわち、「技術の末に走る」という批判は、体操科において手段にすぎない「運動技術」を尊重し、「体操科教授の目的」である「身体及び精神の発達」に重きをおかないことに対して向けられていたといえる。二宮は一九三六年の『新学校体育論』でも以下のように述べている。

要目の「教授上の注意」では、「徒に技術の末節に走ること」があってはならない、体操科に於ける各種の身体運動は、その根本使命たる「児童の身体及精神」の陶冶を図る手段であって、体操科教授は此の点に留意しなければならないことを示している。之は従来体操科教授が徒らに技術を尊重し過ぎ、手段を通して人格を形成せんとすることを忘れていたことに対する一つの警告とも見るべきである。斯くの如く教材の有機的系統と、教授に於ける根本精神、特に技術の崇拝に対する警告等の根本原則から教授上の注意、服装等に関する規定を与えたことは改正要目の一つの眼目である。[62]

ここでも二宮は、「技術の末節に走る」という批判を、「徒らに技術を尊重し過ぎ」目的を忘れていたことに対する批判と説明している。また、本書では「技術の崇拝に対する警告」と述べており、いかに「運動技術」を尊重する傾向が強かったのかが理解できる。つまり、「技術の末に走る」とは、手段にすぎない「運動技術」を目的であるかのように崇拝することであった。

しかしながら、二宮は、一九三七年の『体操教授学』で以下のように述べている。

体操教授に於て、吾人は決して「技術の崇拝」を求めるのではない。技術は常に体育の手段であらねばならないと云うことは屡々述べている通りである。併し、技術が体育の手段であるとしても、決してそれを軽視してよいと云うのではない。吾々は、それが体育の手段としての位置を占めると云う点に於て技術の重要であることを認めなければならない。(63)

ここでは、「技術の崇拝」を否定しながらも「運動技術」の手段としての重要性を説き、軽視してはいけないと述べている。つまり、二宮は目的を忘れて「運動技術」を崇拝することは批判していたが、手段としての重要性を認め、軽視はしていなかったのである。

以上のように、二宮による「技術の末に走る」という批判は、体操科の目的である身体や精神の陶冶を忘れ、手段に過ぎない「運動技術」を崇拝することに向けられていた。しかしながら、手段としての「運動技術」の重要性は認め、身体や精神を陶冶する手段として活用しようとしていた。つまり、「技術の末に走る」という批判はいかに「運動技術」を通して身体や精神を陶冶するのかという、指導のあり方に関する批判であったといえる。「運動技術」を手段と捉える二宮の考え方は大谷と共通しているが、「運動技術」を枝葉末節に過ぎないと述べていた大谷に対し、二宮は手段としての重要性を指摘しており、若干の違いが感じられる。この差異は「運動技術」指導に対する考え方の違いにもつながっている可能性がある。本章の主題は両者の差異を検討することではないが、当時の体操科における中心的人物であった二人の考え方に相違が存在したとすれば、それが現場における「運動技術」指導の混乱につながった可能性は十分に考えられる。したがって、現場に混乱をもたらし得るような差異が存在した場合には注意を払う必要がある。

次項では、二宮がどのような指導を「技術の末に走る」と批判していたのかを明らかにしつつ、彼が提唱する「運動技術」指導を検討し、理論と実践がどのように乖離していたのかを明らかにする。

第二項　「運動技術」指導における理論と実践の乖離

本項では、「技術の末に走る」指導とは何であったのか、また二宮がそれらの問題に対しどのような指導を提唱していたのかを検討し、「運動技術」指導をめぐって理論と実践の間にどのような乖離が存在していたのかを明らかにする。なお、大谷の批判は指導の「経過」と「様式」に集約されていたが、二宮の批判は時代とともに観点が増加し、多岐にわたるため、以下、史料の分析を通して見出した四つの観点についてみていくこととする。

一、「教材配合」に関する問題

二宮は、一九二三年の『新時代の要求に応ずる小学校体操』で、「常識外れの教材配合」と題し、「体育教授に於て其技能的方面の成績を挙げようとする場合には、色々な方法が講ぜられるのであるが、時には極端な方法が実施されている(64)」のように「技能的方面の成績を挙げようとする」場合に「極端な方法」が実施される傾向があることを指摘している。「技能」の成績をあげるために極端な方法をとるということは、二宮が「技術の末に走る」と批判した「技術の崇拝」に陥った状態と解釈できる。では、極端な「教材配合」とは何であったのか。二宮は以下のように述べている。

体育の教授に於て、規律を正しくさせるために、或は体操・教練・遊戯・競技を同時に始むる時は其技術の上に成績を挙げることが困難であるために、先ず第一学期には教練ばかり練習させ、次に体操の練習を附加するような方法を採るものがある。成程、斯る方法によって練習せしむれば、同じようなものを毎時間練習するのであるから、其の技術については熟練するかも知れぬが、毎時間毎時間注意力練習である処の教練ばかり練習させたのでは疲労の度もひどいであろうし、如何に従順な児童でも嫌き嫌きするであろう(65)。

当時の体操科は体操、教練、遊戯・競技で構成されていたが、二宮は、「技術上の成績を挙げる」ためにそれらを同時に扱うのではなく、まず教練のみを練習し、その後体操を付加する傾向があると指摘している。特に「教練ばかり」、「同じようなものを毎時間」といった記述から、二宮が特定の教材のみに偏った指導を「極端な方法」と批判していたことがわかる。そして、このように特定の教材のみを指導し、「運動技術」に熟練させてから他の教材へ移行するという方法が、児童・生徒を過度に疲労させるとともに嫌気を引き起こさせると批判しているのである。

続けて二宮は、教練と体操を同時に扱う「教材配合」の方法について、「前者に比ぶれば進歩した方法」としながらも、以下のように批判している。

最も世間に多いのは教練及び体操を配合したる実施法である。而もこの二つの教材の内でも、体操のために大部分の時間と努力とが消費されるのが常である。（中略）この方法に於ても比較的教材の種類が少い為に、技術上の成績を挙げ易いけれども、永く継続しない方法である。今日まで我が国に行われ来った実情から見ても、永くても三四年続けば上乗なるものである。この間には教師もあきれば生徒もあきて来る。[66]

特定の教材のみを指導する方法ほど極端ではないものの、「技術上の成績」のために少数の教材のみを指導する方法が児童・生徒を飽きさせると批判しているのである。そして、二宮は、こうした指導が最も世間に多いと述べており、当時の体操科は「運動技術」を崇拝し、教材を固定する傾向が強かったことがわかる。

この言及は、『新時代の要求に応ずる小学校体操』の増訂版である一九二六年の『学校体操』でもみられる。[67] また、一九三二年の「体操指導の進歩と将来への希望」でも偏った「教材配合」に対する批判が以下のように記されている。

過去の体育は体操であった。其の時代から各教材を配合した指導へ進歩した。最も尚過去の遺物がないではないが。けれども現在に於ても過去のなごりが残されて地方に於ける小学校の実際指導では、遊戯の指導や競技の指導が体操の指導よりも軽んぜられているように見える。[68]

ここでも、「各教材を配合した指導」ではなく体操に偏った指導が行われる傾向が依然としてあることを批判している。さらに、一九三四年の『中心教材体操指導法』では、「練習する運動を固定せしむるな」のように教材を固定することを批判するとともに、以下のようにその弊害を述べている。

体操に於ける各種の教材は体育的陶冶価値を現わすものとして共通点を持っていることも多いが、また各運動はそれぞれ異った特徴を持って居る。而して其種々なる特徴は皆体操として体育上必要であるから選択された訳である。然るに教材の固定が極端であればあるほど体育として必要な各運動の特徴が発揮されないで、或る種の限られた特徴のみが常に発揮されるのである。勢い斯る指導による体育は体育上必要な内容が貧弱であるから之から得られる生徒の体育的効果も亦不完全だと云わねばならぬ。(69)

この言及から、二宮が、各種の教材にはそれぞれ異なった「体育的陶冶価値」が存在するため、教材を少数に固定することは、運動から得られる「体育的効果」を不完全にさせると考えていたことがわかる。つまり、教材の固定は、児童・生徒を飽きさせたり疲労させたりするのみならず、体操科の目的をも妨げるという弊害を有していたのである。

しかしながら、このような言及にもかかわらず、一九三六年の『体育概論』でも、「吾等は体育のよくなされているという学校に行って、それが体操技術の学校であったり、競技や遊戯専門の学校であったりするのを見て非常に驚かされることがしばしばある」(70)のように、体操のみならず、競技や遊戯に偏った指導が行われていたことを指摘している。一九二三年にはすでに問題が指摘されていたにもかかわらず一九三六年にも同様の批判が存在していたことから、少なくとも一〇年以上にわたって「技術の末に走る」と批判されるような「教材配合」がなされていたといえる。

では、体操、教練、遊戯・競技からなる多様な教材をどのように「配合」すべきと考えていたのか。二宮は、『中心教材体操指導法』で「生徒は何時の時間でも既習教材の練習ばかり行わせられて一向進んだ運動へ移らないときは常に其の練習に倦怠を感じ、遂には興味をも失うに至るものである」のように、特定の教材のみを長期間指導することを批判したうえで、「中心教材の指導に於ては常に循環的取扱をするがよい。今指導している運動が教師の要求の六・七分も出来るようになれば次の運動に移るがよい。而して同時に前に指導した運動を練習せしむるべきである[71]」と述べている。二宮は、「教師の要求の六・七分」と具体的な基準をあげながら、循環的に教材を変更する方法を提唱している。熟練するまで同一の教材に固定するのではなく、要求の六―七分程度習得した段階で一度他の教材へ変更すべきと考えていたのである。

加えて、一九四〇年の『新学校体操』では、以下のように教材を継続する期間について具体的な基準をあげながら説明している。

体操科の教授が循環漸進の方針をとらねばならぬ事は説明する迄もない事であるが、では教材は一体何週、何ヶ月を単位として循環すればよいかが問題となる。勿論毎時間教材が全部変るという事はなく、一部の教材は二週間位は続けて行われるのが普通である。斯の如くして二週間位続けて反復練習された教材は更に何週目、何ヶ月目かに細目の上に現われて来る筈である。[72]

二宮は、およそ二週間ごとに教材を変更し、一度練習した教材は数週間、数ヶ月後に改めて練習すべきと考えていたのである。また、「循環漸進の方針」という言葉から、一つの「運動技術」を短期間で習得させるのでははなく多数の教材を循環させながら少しずつ上達させようとしていたことがわかる。

以上のように、二宮は、体操、教練、遊戯・競技からなる多様な教材をどのように「配合」するのかという観点から「運動技術」指導の問題に言及していた。具体的には、少数の教材のみを継続して指導し、熟練させてから次の教材に移行する方法を、児童・生徒の運動への興味を失わせるとともに、効果も限定させると批判していた。そのうえで、要求の六ー七分程度に到達した段階、あるいはおよそ二週間ごとに教材を変更する方法を提唱していた。

二、教材選択に関する問題

二宮は、一九三二年の『体育指導原論』で、どのような教材を指導するのかという教材選択に関する問題について、以下のように「技術の末」という文言を用いて言及している。

> 教材の選択に就いては、指導の対象たる生徒、児童の性別、年齢、身心の発育状態に特に注意を要する。徒らに技術の末に走り、指導者が自ら虚栄を誇るが如きは指導の根本を誤るも甚だしい。指導者は常に児童、生徒の身心の満足を目標にして之を体育的に導くように教材を選び、練習の程度は児童生徒の体力を顧慮して適当に授け過労に陥らしめざる様注意せねばならない。[73]

二宮は、教材の選択に際し児童・生徒の「性別、年齢、身心の発育状態」を考慮することを主張し、これらを無視して教材を選択することに対して「技術の末に走る」指導と批判していたのである。二宮の述べる「技術の末に走る」指導とは「運動技術」を崇拝することと解釈されるため、「指導者が自ら虚栄を誇る」とは児童・生徒がより高度な「運動技術」を習得したことを授業者が誇っている状態と考えられる。つまり、二宮は、対象とする児童・生徒に適した教材ではなく、より高度な教材を選択し、その「運動技術」を指導することを批判していたのである。また、そうした指導が児童・生徒を過労に陥らせると考えていたことがわかる。

こうした主張は、すでに一九二三年の『新時代の要求に応ずる小学校体操』で以下のように記されている。

練習教材を行わせる場合には、大体に於て其の学年に近く余り懸隔のないものを練習させるがよい。けれども、級全体の半数も出来ないような教材を取るが如きは慎むべきである。余は新教材として始めて練習せしむる場合、全数の六・七分通り以上出来るものでなければ、クラスの其の時期に於ける教材としては、強すぎる運動だと思う。殊に懸垂及び跳躍或は腹等の運動に於て然りである。[74]

ここでは「運動技術」という語はみられないが、児童・生徒の学年、すなわち年齢に応じた教材を選択すべきと主張していることがわかる。加えて、選択の具体的な基準について、練習開始時に学級全体の六―七割ができる程度の教材と述べている。また、二宮は、『学校体操』でも以下のように教材選択の基準に言及している。

其の時に生徒の発育に適当した教材と云えば次のように考えることが出来る。即ち新教材について正しく説明され示範された運動であったならばその組のものが大半以上相当の正確さを以ってなし得なければならぬ。之に反し大半の生徒が非常な欠点を以て実行して居るか著しく呼吸を束縛されて居るようであったならば、その運動は其時その生徒の力量に合わないものである。[75]

ここでも、やはり学級の大半ができる教材を選択すべきと考えていたことがわかる。同様の主張は一九四〇年の『新学校体操』にも記されており、[76]二宮の教材選択に対する考え方は一九二三－四〇年まで一貫していたといえる。

しかしながら、一九三九年の「中心教材の意味と其の指導について」では、「体操の指導に際して与えられる教材は其の時の発達に最もよく適合して居るべき」であるにもかかわらず、「往々にして指導者が教材に生徒児童を引きつけようとする指導を見る事があります。かような場合に教材の程度が高過ぎたり或は要求が高すぎて運動の練習が不能であったり又は困難であったりするのであります[77]」のように、児童・生徒に対して過度に高度な教材を選択する傾向が依然として存在していたことを指摘している。つまり、二宮は一九二三年から再三にわたり教材選択の観点から「運動技術」指導のあり方を提唱していたにもかかわらず、実際には児童・生徒の発育・発達に対して過度に高度な教材を指導する傾向が根強く存在していたのである。

三、指導の「経過」に関する問題

ここまで、教材の「配合」と選択という、端的にいえば何を教えるのかという観点から批判と提唱がなされてきたことを確認した。一方、二宮は、「体操指導の進歩と将来への希望」で、「形にはめることから児童相当の実力発揮へ」と題して以下のように「運動技術」指導の問題に言及している。

軽業師は軽業と云う定められた形へ其の子弟を当てはめる。而して一定した形の出来るように指導する。もとより商売のためには、児童の発達の如き之を考えているいとまはない。云うまでもなく、かりに児童がそのために身体を悪くしたとしても。従来の体育には発達の如何を問わず、理想的な形だと云う其の形へ児童を当てはめようとした。それは軽業師が職業指導をするように。そのために、技術としては児童の域を越えて高い程度に進歩したところもあった。(78)

この言及から、二宮が、「児童の発達」を無視して「理想的な形」に「児童を当てはめようと」する指導を、商売を目的とした「軽業師」と同じであると批判していたことがわかる。また、その結果「技術としては児童の域を越えて高い程度に進歩した」と述べており、これは「技術の崇拝」すなわち「技術の末に走る」指導と解釈できる。

児童・生徒を理想的な形にはめようとすることへの批判は、一九三二年の「学校体育指導上の諸問題」でも以下のように記されている。

二年生が出て運動を致したのでありますが、其の運動たるや全く型に箝って、大人がやっても其の位より出来ないような、非常に高い程度の型に子供を箝めてやったのであります。恰も軽業師が観衆を楽しましめる為の軽業という一つの運動を案出して、可憐なる子供を是に箝めて行く、それが体育的に良い悪いは別であって、詰り金を儲けなければならぬからそれに箝めて行くので、それを想起させるような授業を見受けることがあるのであります。(79)

ここでも、二宮は「軽業師」という語を用いながら、児童・生徒の発育・発達を無視して「非常に高い程度の型」すなわち教材の理想的な形にはめることを批判している。

では、理想的な形にはめることはどのような点で問題と考えていたのか。二宮は、一九三八年の「体操科教授上に於ける欠陥とその反省」で、以下のように弊害を述べている。

体操の指導では早く形を完成せしめようとする弊がある。形にはめよう、早く立派だと云われる形を作りあげようとし過ぎる弊がある。それは過去の教授の仕方が現在に残した一つの弊害である。

斯る教授の仕方は、之は形倒れで児童の運動慾は満足せしめられず運動能力は進歩せず運動量も少い。(80)

この言及から、運動に対する欲求、運動能力の進歩、運動量という三つの観点から批判していることがわかる。二宮は、児童・生徒を理想的な形にはめることが、運動に対する欲求を失わせるのみならず、運動量を損ない、運動能力の進歩を妨げると考えていたのである。このように、児童・生徒に対して直ちに教材の理想的な形を指導することは、大谷も指導の「経過」に関する問題として批判していた。また、二宮は形にはめる指導を「過去の教授の仕方」と述べており、大谷と同様、理想的な形を直ちに児童・生徒に習得させようとする指導を過去の方法であると捉え、そうした過去の指導が現在まで継承されていることを問題にしていたと考えられる。

では、二宮は、形にはめる指導に対しどのような「運動技術」指導を提唱していたのか。二宮は、「従来の形倒れの指導をやめ力の修練につとめたい」と述べている。その具体的な内容は以下である。

吾等は斯る指導から運動能力の向上へと指導の方法を向けかえる事が必要だ。練習せしめようとする運動の大体の要領が理解されたなら早く実行させるがよい。形よりも実行する事だ、形は実行している間に漸次導かるべきである。跳躍にしても大体助走や踏切りが出来ればどしどし跳ばせるがよい。而かも力強く元気に跳ばせるがよい。空弓に於ける形も始めから強く要求しないで元気よく跳ばせる事だ。形に求めた要求を跳ぶ力の養成に向けるがよい。而して跳躍力を強めるがよい。理想的だと思う形は能力の進歩と共に最後に完成を見るようにするがよいのである。(81)

二宮が提唱する、形にはめることから力の修練への転換とは、第一に、実行の重視であり、「どしどし」行わせることである。つまり、活動量の重視と考えられる。第二に、力強く、元気よく跳ばせるということである。一方、理想的な形は「能力の進歩と共に最後に完成を見るようにするのがよい」と述べており、これは、自由な形から始め、距離や高さを次第に高めながら、最後に形式的な要求を付加すべきと考えていた大谷の主張と共通する。すなわち、二宮も、直ちに理想的な形を指導することを批判し、まずは自由な形で、力強く実行させることを提唱していたのである。

四、指導の「様式」に関する問題

二宮は、『新学校体操』で、「技術の習得は決して究極の目的ではなく、技術を練習するその過程に於て、自ら心身が鍛錬されるということが最も大切な事である」のように、「運動技術」を「究極の目的」とせず、心身の鍛錬を重視すべきと述べている。「運動技術」を「究極の目的」とすることは「運動技術」を崇拝することと同義であり、この言及は「技術の末に走る」という批判の一つと捉えられる。では、二宮は何を問題にしているのか。以下のように述べている。

体操の指導に於て只技術や作業能力だけの向上を目標にしてその過程を顧念しない方法は決して教育的であるとは云えない。体操科は単なる技能科ではなく、同時に精神的な教育をなし、行動しつつ人格を陶治することを目的とする科目であるが故に、その教授の様式如何が一層重要である。(82)

この言及から、二宮が、体操科が「単なる技能科」に陥ることなく「運動技術」指導の過程で精神、人格を陶治するためには「教授の様式如何が一層重要である」と考えていたことがわかる。加えて、二宮は、「指導宜しきを得ぬ場合には効果が挙がらないのみか時に弊害をすら生ずる」(83)と述べており、指導の「様式」が精神や人格の陶冶に寄与するか弊害をもたらすかを左右する重要な問題であったことがわかる。また、ここでは身体ではなく、精神的な教育に焦点が当てられていることがわかる。

二宮は、いかなる「様式」を「過程を顧念しない方法」と批判し、一方でどのような「様式」を提唱していたのか。二宮は、指導の「様式」は「注入的教式と開発的教式とに分れる」という。そして、「注入的教式」について「号令、示範、説明式の教式である」(84)と説明したうえで、特徴を以下のように述べている。

この方法は注入的ではあるが、只単に範を示してこれを機械的に模倣させるのではなく、号令や説明によって、運動の内容や方法を判断して実行させるから、全くの機械的模倣とは異っている。(85)

この言及から、二宮が、「注入的教式」の中でも号令や説明による指導に対しては、児童・生徒に「運動の内容や方法を判断して実行させる」点に価値を見出していたことがわかる。一方、単に示範を模倣させることを「機械的」であると批判している。つまり、示範を機械的に模倣させることを、「過程を顧念しない方法」と批判していたと考えられる。

一方、「開発的教式」について二宮は、「更にこれを問答式と課題式とに分けることが出来る」と述べている。まず、「問答式」については以下のように説明している。

問答式というのは教師と児童とが互いに発問・応答する事によって進められる教授の様式である。この教式は教師の号令や指揮のもとに何等の反省もなく一定の運動を行うよりも遥かに理解と興味をもってそれを行わせる事が出来る。体操科の教授に於ける真の訓練は、児童の好むと好まざるを問わず、命令や規則に盲目的に服従させて、外形的に斉一、統制を期する事ではなくて、真の理解と興味とに基く自律的態度の養成でなくてはならない。かかる意味からすれば問答式は注入的教式よりも教育的であると云わねばならぬ。(86)

二宮は、「問答式」による指導が児童・生徒の理解と興味を喚起し、自律的態度の養成に寄与すると考えていたのである。そのため、「問答式」を「注入的教式」よりも教育的と評価している。また、二宮は、示範による指導と比較して号令や説明による指導を評価していたが、ここでは「何等の反省もなく」、「盲目的に服従」のように号令や説明による指導についても批判的な見解を示している。つまり、二宮は、「注入的教式」のみに終始することを批判していたのである。

続いて、「課題式」については、「一定の問題を与えて児童自身にそれの解決を工夫させる教授様式である[87]」と説明している。二宮は「課題式」固有の長所については言及していないが、「課題式」について説明した後、「開発的教式は児童自身の研究心を喚起し、自主的気風を作り、創意を発達させ、興味を持って事に当る習慣を養う点に於て注入的教式に優るものである[88]」のように、改めて「問答式」、「課題式」からなる「開発的教式」の教育的意義を強調している。

以上のように、二宮は、盲目的に示範や号令に従わせることを批判し、教師と児童・生徒で発問・応答する「問答式」や児童・生徒に課題を与え彼ら自身に解決させる「課題式」による「運動技術」指導を提唱していた。これは『新学校体操』のみにみられた言及であり、他の著作には記されていなかった。つまり、一九二〇―四〇年という長期的視野でみると、二宮の力点は指導の「様式」よりも教材の「配合」や選択、指導の「経過」に置かれていたのではないかと考えられる。

第三項　「技術の末に走る」要因

一、現場に存在した問題

前項で取り上げた、『新時代の要求に応ずる小学校体操』における「教材配合」に関する批判を再度分析すると、「体操・教練・遊戯・競技を同時に始むる時は其技術の上に成績を挙げることが困難であるために、先ず第一学期には教練ばかり練習させ、次に体操の練習を附加するような方法を採るものがある[89]」のように、「運動技術」

の成績をあげるために教材を固定していたことがわかる。また、「児童は体操の技術を急進せんが為（原文ママ）の教師の方便のために大切な愉快な遊戯、競技を奪われて居るのである」[90]のように、体操や教練のみに限定した「教材配合」が行われる要因を、「技術を急進」させるための「教師の方便」であると説明している。ここから、授業者には児童・生徒により早く体操や教練の「運動技術」を指導し、上達させたいという思いがあったことがわかる。つまり、児童・生徒に「運動技術」を習得させることが、授業者にとって重要な意味をもっていたといえる。だからこそ少数の教材に限定してまで「運動技術」を追求していたのである。

なぜ授業者は児童・生徒の「運動技術」を重視したのか。二宮は、教材選択について批判していた『体育指導原論』で以下のように述べている。

教材の選択に就いては、指導の対象たる生徒、児童の性別、年齢、身心の発育状態に特に注意を要する。徒らに技術の末に走り、指導者が自ら虚栄を誇るが如きは指導の根本を誤るも甚だしい。指導者は常に児童、生徒の身心の満足を目標にして之を体育的に導くように教材を選び、練習の程度は児童生徒の体力を顧慮して適当に授け過労に陥らしめざる様注意せねばならない。[91]

過度に高度な教材を選択することを二宮は批判していたため、「虚栄を誇る」と批判的に述べているが、児童・生徒により高度な「運動技術」を習得させることは、授業者にとって誇らしいことであったことがわかる。つまり、当時の体操科では、児童・生徒に難しい「運動技術」を習得させることや、より上手にさせることのできる授業者を高く評価する傾向があったのではないかと思われる。

さらに、『中心教材体操指導法』では、偏った「教材配合」や高度な教材を選択することについて批判しつつ、そうした指導が行われる学校の傾向を以下のように述べている。

教材があって生徒を其れに当てはめようとするのは古い行きかたである。生徒を教材に当てはめようとするところに矛盾があり無理がある。現代の教授を見ると著しくこの傾向を見ることが出来る。生徒の発達に対し著しく教材の程度の低きものがそれであり、反対に甚しく教材の高きものも亦無理押しに当てはめようとするものである。この意味に於て練習する教材が少数の運動に制限され、著しく練習の固定したものもまた同様の結果に陥って居るものと云わねばならぬ。而して第二第三の如き指導の状態は寧ろ優良なる学校と云わるるものに甚だ多いと云うことは遺憾である。(92)

ここで二宮が批判している「第二第三の如き指導の状態」とは、「甚しく教材の高きものも亦無理押しに当てはめようとする」指導と、「教材が少数の運動に制限され」た指導である。二宮は、偏った「教材配合」や児童・生徒の発育・発達を無視した教材選択が「優良」といわれる学校において多く行われていると述べているのである。つまり、児童・生徒により高度な「運動技術」を習得させたりより早く上達させたりする学校が「優良」と評価されていたのである。このことは、児童・生徒の「運動技術」が授業者の評価にとどまらず学校の評価にもつながっていたことを意味する。また、児童・生徒の「運動技術」によって授業を評価する傾向は、個々の授業者や特定の学校のみに存在したものではなく、当時の学校現場全般に存在していたといえる。

そのため、二宮は、『中心教材体操指導法』の「練習する運動を固定せしむるな」という節の中で、「今日まで体操科の教授に熱心だと云われた学校に於てこの思潮とかなりに相反した場合があることを見るのは甚だ遺憾である。斯る学校に於ては生徒の理想的発達よりもむしろ過度に技術の熟練を重視して居るとしか考えられない[93]」のように、「熱心だと云われた学校」ほど「過度に技術の熟練を重視」していたと述べている。児童・生徒の「運動技術」によって授業者や学校を評価するという当時の傾向に基づけば、成果をあげようと熱心になるほど「技術の末に走る」ことは当然といえる。つまり、「運動技術」を崇拝するという傾向は個々の授業者や特定の学校の考えによって起きたのではなく、児童・生徒の「運動技術」を評価規準と考える当時の認識によって生じたと考えられる。

二宮は、児童・生徒の「運動技術」によって授業を評価する傾向を『新学校体育論』では以下のように批判している。

> 児童の体育指導にあたっても亦「よく出来る」か否かが第一の指導目標であるかの様に思われる。従って運動の堪能さを欠いて居る児童に対して、「今少しく上手にしなければならない」とさとし、堪能なるものに対しては「上手だ、きれいだ、立派だ」とほめて居るのである。それ故にこの「わざ」は被体育者の能力判定の規準の様にも思われる。この甚だしいものに到りては、努力とか勤勉とか熱心等の一切を無視して体操の評点をわざによってつけることすらある。[94]

この言及から、当時の体操科では、「運動技術」が評価規準の一つにとどまらず、唯一の規準であるかのように考える傾向が存在していたことがわかる。そして、二宮は、そのために「努力とか勤勉とか熱心等」が無視されているを批判していたのである。つまり、体操科において努力や勤勉、熱心などの態度が重要であるにもかかわらず、「運動技術」を唯一の評価規準と考える傾向が、それらを無視して「運動技術」を崇拝する指導を生み出していたのである。

以上のように、当時の体操科には児童・生徒の「運動技術」を唯一の評価規準と考える傾向が存在した。また、これは個々の授業者や学校に存在した考え方ではなく、学校現場に広く浸透していた。このような「運動技術」を主とした評価規準が「技術の末に走る」一要因であったと考えられる。

二、二宮の体育論に存在した限界

学校現場に「技術の末に走る」要因が存在していた一方、二宮の体育論にも大谷と同様の限界が確認される。二宮は、自律的態度の養成という点から「開発的教式」の教育的意義を高く評価していたが、一方で以下のように限界にも言及している。

開発的教式は非常な長所を有しているが、一面に於ては（一）相当に訓練した後でなければ不都合である。（二）生徒たちの管理、監督、矯正に困難である。（三）短時間に望ましい運動を必要なだけ実施しようとする場合不便である。（四）生徒達自身が方法を考えて行うのであるから教師の意図する運動を実行させる迄に時間を空費し、能率の上らぬ場合が多い。（五）能力のある子供は往々怠け易く、能力の無い子供は方法に迷い易い。(95)

「開発的教式」は教育的ではあるものの、実施が困難なうえ能率も上がりにくいという限界をもっていたのである。前項で指摘したように、二宮は力の修練という観点から活動量を重視することを提唱していた。その考え方に基づけば、運動の十分な実施が困難であることや時間を空費することは重要な問題といえる。つまり、児童・生徒の自律的態度を重視した「開発的教式」は、力の修練を重視した「運動技術」指導の考え方と活動量の点で矛盾していたのである。

そのため、二宮は、「低学年に於ては注入的教式が主となり、これに開発的教式が加味され、上級に進むにつれて開発的教式が多く用いられるようになる[96]」のように、学年があがるにつれて次第に「開発的教式」を多く用いる方法を提唱している。

以上のように、二宮も、大谷と同様、「開発的教式」を評価しながら、時間の空費や実施の困難さを限界として述べていた。このような限界が、彼らの批判する示範や号令に従わせる指導からの転換を困難にしたと考えられる。

三、「運動技術」の有用性

（一）運動に対する興味の喚起

二宮は『学校体操』で、鉄棒運動などの「巧緻性を要求する」運動について、「進歩すればする程高等なる運動形式を有するから、練習すればする程興味を深からしむるのである[97]」と述べている。「高等なる運動形式を有する」とは、より高度な「運動技術」を習得することや、より出来栄えを高めることを意味すると考えられる。すなわち、「運動技術」を指導することは児童・生徒の運動に対する興味を高めるという有用性をもつと考えていたことがわかる。

さらに、『体育指導原論』では以下の言及がみられる。

指導者は、常にプレーの最も華麗なるものを望む前に、其のピラミッドを形成すべき根本の条件を十分に訓練せねばならぬ。其の根本の技術を訓練せねば魂を注入せざるプレーに終って、美しいゲームの快感をば体得するには余りに縁遠い結果となるものである。根本技術に優れずして何のティームワークがある。何んのフォーメーションがある。如何に戦闘的精神を発揮したりとしても、ゲームに何の伸展もない。只求むるものは徒らなる労力の徒費である。身体の教育より遠く隔ったる身体の破壊である。少青年の楽しかるべきスポーツも只苦悩の心のみとなる。(98)

「技術を訓練」しなければ、「ゲームの快感」を得られず「只苦悩の心のみ」となるというのである。特にバレーボールは「此の傾向が大である」とし、「九人のプレーヤーがボールを完全にプレーすることが出来ない時は興味の殆んど全部を失い、ゲームの欲求をも皆無となる(99)」という。ここから、二宮も大谷と同様児童・生徒の「運動技術」習得なくして興味は高まらないと考えていたことがわかる。また、「楽しかるべきスポーツ」に対する興味や欲求が皆無になるということは、授業の円滑な展開を妨げるとともに、授業の意義を損なうことにもなると考えられる。二宮が「根本の条件」と述べるように、「運動技術」は不可欠と考えられていたのである。

二宮は、『中心教材体操指導法』では「運動技術」と興味との関係について以下のように述べている。

技術に属するものは凡て上手下手が明瞭である。殊に巧緻的な運動程熟練の程度が明瞭である。熱心に練習すればする程今迄出来なかった運動も出来るようになり、また拙かった運動にもおかし難い熟練の光が出て来る。而して他の人々と其熟練の程度や巧妙の程度も明瞭に区別し比較することが出来る。それがやがてこの種類の運動に興味をもつことになり、精進を促すことにもなるのである。(100)

この言及から、二宮も大谷と同様に、児童・生徒が「運動技術」を習得し、その程度を比較することによって運動への興味を高めることができると考えていたことがわかる。また、二宮は「上手下手が明瞭」な「運動技術」だからこそ、熟練を自覚することや他者との比較ができると考えていたのである。一方で、二宮は「如何に中心教材が興味あるものとは云へ、真に興味を感ずるには或る程度までそれに熟練しなければならぬ(101)」と述べており、ここからも、「運動技術」を習得しなければ運動への興味は高まらないと考えていたことがわかる。つまり、二宮は、「運動技術」の巧拙はそのまま興味の有無へ直結すると考えていたのである。

そのため、二宮は教師に対して、「どんな運動でも、之を練習して上手になり、従来出来なかったものが出来るようになったと云うように、各自の進歩が明瞭に意識された時は非常に興味が喚起され、益々熱心に練習するようになるものである。指導者は常にこの点に注意して指導に当たるがよい(102)」と述べている。「常に注意して」と述べているところに、二宮がいかにこの点を重視していたのかが表れている。つまり、「運動技術」指導を通して児童・生徒の運動への興味を喚起することは当時の体操科において不可欠であったと考えられる。

なぜ児童・生徒の運動に対する興味に注意を払うべきと考えていたのか。二宮は、『新時代の要求に応ずる小学校体育』で、「現代の進歩せる学校体育は、最も理想的に身体を発達させることが出来るように工夫されてあるから、之を永い間継続して実行すれば必ず実績を挙げることが出来るに違いない」[103]のように、「学校体育」すなわち体操科で扱う運動を継続することの重要性を説いたうえで、継続に必要な要素として「趣味」をあげている。その内容は以下である。

教師も面白くなければ生徒も練習して居て愉快にならない体育は、一時無理押しに行ってもやがては断絶され到底永く継続されるものでない。又教師の一・二人だけには趣味があっても、生徒一般に向って趣味の起らぬものが継続される筈がないのである。（中略）要するに体育を継続させることから考えれば、体育の材料や方法に趣味の伴うことは極めて大切なことである。[104]

二宮が、運動を継続する習慣をつけるためには運動に対する「趣味」、すなわち興味が不可欠と述べていることがわかる。つまり、興味を喚起することは運動の習慣化につながり、それにより目的に寄与することが可能になると考えていたのである。二宮は、『学校体操』でもこの言及を繰り返している。[105]さらに『新学校体操』でも以下のように興味の重要性を説いている。

体操科の指導に際しては、体育運動の必要に関して、生徒児童に十分な自覚を与えると共に、体育運動そのものに対する興味を惹起せしむることに留意し、而も体育運動を規則的に実施する習慣を持たしめ、その上日常生活に於て仮令如何なる境遇の下にあっても、実施し得るだけの具体的方法を教授して置く必要がある。[106]

この言及からも、二宮が児童・生徒に運動する習慣をつけさせるために興味を喚起しようとしていたことがわかる。二宮は、運動に対する興味を、運動習慣の形成という観点から一貫して重視していたのである。

以上のように、二宮は、「運動技術」に対して児童・生徒の運動への興味を喚起するという有用性を認め、興味を喚起するために「運動技術」を指導することを要求していた。そして、その背景には、興味を喚起することが運動習慣の形成に寄与するという考えが存在した。ただし、二宮は『新学校体操』で、「指導があまり技術的になる事は戒めねばならないが技術の上達は著しく児童の興味を喚起し、不知不職の間に体育的効果を挙げる事が出来る故技術を軽視してはならない[107]」のように、「技術の上達」が児童の興味を喚起することを認めながらも、「技術の末に走る」ことは否定している。二宮は、あくまでも「技術の末に走る」ことのない範囲で「運動技術」指導による興味の喚起を推奨していたのである。しかしながら、この言及は、「運動技術」の有用性を認める二宮の理論が「技術の末に走る」指導を招く可能性をはらんでいたことを示している。つまり、児童・生徒の運動に対する興味を喚起するという有用性が、「技術の末に走る」一要因になったと考えられる。

(二) 授業者に対する尊敬

二宮は、大谷と同様、示範による「運動技術」指導の有用性に言及している。まず、『中心教材体操指導法』では、「優良なる指導者としては人格高く科学的研究に於て深いばかりでなく洗練された技術を有することが緊要である」と述べており、その理由を「熟練し洗練された技術は特に児童生徒をして運動其のものの美に憧憬せしめ、其れに精進するの勇猛心を起さしめる場合も少くない。尚洗練された技術は生徒をして其の指導を尊敬するに至らしむることが多い[108]」ためであると述べている。二宮も、授業者の「洗練された技術」をみせることは児童・生徒を運動に「精進」させるとともに、授業者を尊敬させると考えていたのである。

加えて、『体育概論』では、「殊に運動を憧憬してやまない児童生徒は、洗練された技術の持主たる彼等の教師に対し尊敬の念をすら起すことがあり、それを契機として教師は進んで体育的業績を挙げることが出来るのである(109)」と述べている。授業者の「洗練された技術」を児童・生徒にみせることは、授業者を尊敬させ、授業を円滑に展開することを可能にするだけではなく、「体育的業績」、すなわち授業の成果をあげるためにも有効と考えられていたのである。

一方で、授業者は「技術の修練」を経ることなしに「教えることは極めて困難であり、多くの者に取っては不可能とすら思われるのである(110)」と述べている。さらに、『新学校体育論』では、授業者の「運動技術」について以下のように述べている。

> 吾人は体操教師を評価する一つの目安としてその人が到達し得た技術の上達さについて考えることがしばしばある。彼は運動が上手であるということを「あれはわざに秀れて居る」という。反対に若し彼が運動に堪能でなかったならば「あれはわざがだめだ」と云い、時としては、この事を以て体操教師としての能、無能をきめる標準と考えることすらあるのである。(111)

これらの言及から、「洗練された技術」をもたない授業者は指導が不可能であり、「無能」と評価されていたことがわかる。つまり、授業者が「洗練された技術」を習得しているか否かということは、授業の成否に直結すると二宮は考えていたのである。

以上のように、二宮は、授業者の優れた示範による「運動技術」指導には児童・生徒に授業者を尊敬させるという有用性があると考えていた。また、二宮は、示範の乱用を批判し、示範の活用に対して限定的な推奨にとどまっていた大谷と比較すると、積極的に示範の活用を推奨していた。ただし、前項で述べたように、二宮は児童・生徒の発育・発達に応じた教材選択を強調するとともに、教材の理想的な形にはめる指導を批判しており、授業者と同じ水準に児童・生徒を熟練させることは意図していなかったと思われる。示範の有用性に関する言及の中にも、授業者の「洗練された技術」をそのまま児童・生徒に模倣させるという記述は存在しない。つまり、授業者の示範をそのまま模倣させるのではなく、あくまでも児童・生徒に授業者を尊敬させるため、あるいは運動に対する欲求を喚起させるために活用すべきと考えていたといえる。しかしながら、「技術の末に走る」傾向にあった当時の体操科において、このような二宮の提唱が児童・生徒の発育・発達を無視した指導や授業者の示範をただ模倣させる指導を招いた可能性は高い。つまり、授業者の優れた示範が児童・生徒に授業者を尊敬させるという二宮の理論が「技術の末に走る」一要因になったと考えられる。

(三) 人格の完成

ここまで、運動に対する興味や授業者に対する尊敬の念を喚起するという、間接的に体操科の目的に寄与するような有用性が述べられていた。一方、『新学校体育論』では以下のように「人格の完成」という観点から「運動技術」に言及している。

人格の完成と云うことに関して運動を考察するとき、先ず意志の陶冶を挙げなければならない。一切の運動は指導者の態度によって総て意志的陶冶の機会を与えるものである。運動は身体を意志的に形成し、身体をして意志の欲する儘に活動し得るように陶冶することに向けなければならない。体操の技術も、競技及遊戯に於ける凡ゆる技術も亦之に役立つものである。(112)

この言及から、二宮が、体操科における「人格の完成」には「身体を意志的に形成し、身体をして意志の欲する儘に活動し得るように陶冶すること」が必要と考えていたことがわかる。そのうえで、体操や遊戯・競技の「運動技術」が身体を意志的に形成することに役立つと述べている。すなわち、二宮は、「運動技術」が身体を意志的に形成することを通して「人格の完成」に寄与すると考えていたのである。

二宮は『新学校体育論』の他の箇所でも、「身体は意志的に形成せられると共に、猶此の機会を通して人を人格にまで形成されねばならない(113)」と述べており、体操科が「人格」に寄与するためには、身体を意志的に形成することが欠かせないと考えていたことが明確である。また、先行研究で指摘されていたように、一九三六年の要目改正の際には、「全人格の完成と団体的生活訓練に役立たせること(114)」のように、「全人格の完成」が強調されていた。したがって、「人格の完成」に対して有用性があるという考えは、「運動技術」を追求する大きな根拠になったと考えられる。

では、二宮は身体の意志的形成には何が必要であり、それに対して「運動技術」はどのように寄与すると考えていたのか。二宮は、「篠原博士又体育をば『身体の意志的形成』であることを指摘した。すなわち、『身体の意志による形成、身体を意志の機関とする立場、逆に云えば、身体を通して意志の自己実現、自己創造』こそは体育の本質であると云う(115)」のように、身体の意志的形成が篠原助市に依拠した考えであると述べている。そして、身体の意志的形成に必要な要素を、篠原の言葉を引用しながら以下のように説明している。

同博士によれば、「意志の機関としての身体は、先ず第一に有力でなければならない。第二にそれは意志の方向に従って発動するだけの統制を有し、意志的に形成されねばならない。」という。而して、この前者は教育的意味に於ける健康であり、後者は教育的意味に於ける堪能であって、博士はこの両者を以て体育の二大領域であると云う。即ち有力にして堪能なる様に身体を陶冶することは体育の二つの目標であり、それ故に健康と堪能とは教育としての体育の二大領域となるのである。(116)

二宮は、身体を意志の機関とするため、すなわち身体の意志的形成には、身体が「有力」かつ「統制」を有していなければならないと述べている。そして、「有力」であること、「統制」を有することをそれぞれ「健康」、「堪能」と呼び、両者を体操科で目指すべき「二大領域」と捉えていた。つまり、二宮は、身体を意志的に形成するためには「健康」と「堪能」が不可欠と考えていたのである。

こうした考えに基づけば、「運動技術」が身体の意志的形成に寄与するためには、「健康」と「堪能」に寄与する必要がある。二宮は「運動技術」とこれらの関係をどのように論じていたのか。まず、「健康」については、「あらゆる身体運動の技術的練習を通して得んとするところのものは意志を外界に実現せんとする力の養成」(117)であると述べている。先述のように、「健康」とは「有力」であることを意味するため、「意志を外界に実現せんとする力」とは、身体の意志的形成に必要な「健康」と解釈できる。つまり、二宮は「あらゆる身体運動の技術的練習」すなわち「運動技術」が「健康」に寄与すると考えていたのである。

さらに二宮は、もう一方の要素である「堪能」についても、以下のように「運動技術」と関連づけている。

身体的堪能を得るために、「外界に順応する」様な基本的技術も亦利用せられて居る。例えば各種の技術的な運動は、これによって「筋肉活動の統制と、外界への機敏な、而も正確な順応力」を得ることのために行われて居るのである。総て身体の練習に於て技術の洗練と技術の卓越とを目指して居るのも此のためである。少くとも此等の技術の練習が、何等かの点に於て堪能さを得ることに役立つと考えられるところに技能的な教科の意義がある。[118]

二宮は、体操科において「技術の洗練」、「技術の卓越」を目指すことは「堪能」を得ることに役立つと考えていたのである。また、「技術の練習」が「堪能」を得ることに役立つというところに「教科の意義」があるというほど、「運動技術」と「堪能」を密接に関係づけていたことがわかる。

以上のように、二宮は、篠原の体育論を引用しながら、「運動技術」が身体の意志的形成に必要な「健康」と「堪能」を得ることに寄与すると説明し、「運動技術」に対して「人格の完成」に寄与するという有用性を認めていた。ただし、言及がみられた一九三六年以降も、二宮の「運動技術」指導に対する考え方に大きな変化はなく、偏った「教材配合」や児童・生徒の発育・発達を無視した教材選択、理想的な形にはめる指導は一貫して否定していた。つまり、「運動技術」と人格を関係づけてはいたものの、「運動技術」を崇拝することは否定していたのである。しかしながら、当時の学校体育界における中心的人物であった二宮が「運動技術」と人格を関係づけたことは、「運動技術」を重視する理論的根拠となり、「技術の末に走る」要因になったとも考えられる。

小括

本章では、要目調査委員であった大谷武一と二宮文右衛門の体育論を分析し、体操科で繰り返されていた「技術の末に走る」という批判は何であったのか、またどのような要因により「技術の末に走る」指導が行われていたのかを明らかにしてきた。

まず、「技術の末」とは、「運動技術」は身体や精神を陶冶するための手段にすぎないという、体操科における「運動技術」の位置づけを示す文言であり、「技術の末に走る」とは、手段にすぎない「運動技術」を主要な目的であるかのように崇拝し、その指導に没頭することであった。

そして、彼らが批判していた指導は以下の四点である。第一に、偏った「教材配合」であり、「運動技術」を重視して少数の教材のみを指導することを批判していた。そのうえで、多数の教材を循環させながら少しずつ上達させる「循環漸進の方針」を提唱していた。第二に、児童・生徒の発育・発達や年齢、性別を無視して高度な教材を指導することであり、児童・生徒の大半ができる教材を選択すべきと提唱していた。第三に、児童・生徒の心身を無視して正しい形、理想的な形を指導することを批判し、自由な姿勢から段階的に上達させることを提唱していた。第四に、指導の「様式」について、まずは一九二七年以降、授業者の示範に時間をかけて児童・生徒の活動量を減少させることを批判し、簡単な指示で数多く練習させることを提唱していた。加えて一九三〇年代には、児童・生徒の自発性という観点から「号令・示範式指導法」を批判し、授業者が児童・生徒と問答しながら「運動技術」を指導する「問答式指導法」や児童・生徒自身で習得を目指す「課題式指導法」を工夫・創意の能力を高める指導の「様式」として提唱していた。

こうした批判と提唱を時系列に沿って整理すると、一九二〇年代前半から中頃は、教材の「配合」や選択に関する指摘がみられ、一九二〇年代後半から示範による指導が活動量の観点から批判されるようになった。さらに、一九三〇年代に入ると、段階的に目標を高めるという指導の「経過」に関する指摘や自発性を重視した指導の「様式」が提唱されるようになった。すなわち、「技術の末に走る」という批判は、一九二〇–四〇年という時間的経過の中で、どのような教材を指導するのかという指摘から、教材をどのように指導するのかという指摘へと広がりをみせていたといえる。

続いて、「技術の末に走る」要因については、以下の三つの観点から整理される。まず、当時の学校現場に存在していた問題であり、体操科は単なる「技術教授」の教科であるという認識が学校現場全体に、しかも長期的に存在していた。関連して、児童・生徒の「運動技術」を主要な評価規準とする傾向や、「運動技術」の示範を授業者の唯一の役割と捉える傾向も根強く存在していた。このような現場の認識が、理想的な形あるいは高度な「運動技術」を強いる指導や、ただ示範を模倣させるだけの指導を継続させた要因になったといえる。次に、大谷や二宮の体育論の限界であり、彼らは「号令・示範式指導法」に終始した指導から「問答式指導法」や「課題式指導法」への転換を図っていたが、それらは適用が難しく、時間がかかるという限界をかかえていた。特に、大谷や二宮は一方で活動量という観点から従来の「運動技術」指導を批判しており、「問答式指導法」や「課題式指導法」のもつ限界は矛盾を引き起こす可能性をはらんでいた。このような限界が、指導の転換を妨げ、「技術の末に走る」一要因になったと考えられる。最後に、「運動技術」に認められていた有用性である。具体的には、運動への興味を高めること、児童・生徒に授業者を尊敬させることという有用性が時代を通して存在した。加えて、一九三〇年代中頃から、「人格の完成」に対する有用性が認められるようになった。運動に対する興味や人格陶治は時代的な要請であり、授業者と児童・生徒の関係は授業を円滑に進めるための前提条件といえる。つまり、大谷や二宮がこれらに対する有用性を認めていたことは、「運動技術」を重視する理論的根拠となり、彼らが意図した以上に現場を「運動技術」に没頭させる結果になったと考えられる。

以上のように、体操科で繰り返されていた「技術の末に走る」という批判は、単に同じ内容を繰り返していたのではなく、時間的経過とともに広がりをみせていた。一方、興味や人格への注目とともに「運動技術」に新たな有用性が付与されていた。特に、「技術の末に走る」ことを批判していた二宮が、篠原助市の体育論に依拠して「運動技術」と人格を関係づけていたことは注目すべきである。つまり、一九二〇–四〇年は、「運動技術」指導をめぐる理論が多様に展開されるようになった時代であり、現場の授業者には、多様な観点からの批判を踏まえたうえで、「運動技術」指導を通して児童・生徒の運動に対する興味を喚起したり人格を陶冶したりすることが求められていたといえる。第二章では、こうした中で篠崎謙次や浅井浅一が篠原の体育論に依拠して「運動技術」についてどのように論じていたのかを明らかにし、「技術の末に走る」という批判との関係を検討していく。

【引用文献及び注】

（1）大谷武一体育選集刊行会偏『大谷武一体育選集別冊』杏林書院・体育の科学社、一九六七年、二九〇–二九三ページ。
（2）大谷武一『改訂学校体操の指導』目黒書店、一九三四年、一一一ページ。

（3）大谷武一『低鉄棒運動』目黒書店、一九三五年、二二ページ。
（4）大谷武一「学校体操の指導」『体育と競技』第一七巻三号、一九三八年、三五ページ。
（5）前掲『改訂学校体操の指導』、九五―九六ページ。
（6）同右、序文一ページ。
（7）同右、九六ページ。
（8）同右、一〇六―一〇七ページ。
（9）同右、一〇九―一一〇ページ。
（10）同右、一〇八ページ。
（11）大谷武一『新教育体操』目黒書店、一九三七年、三九九ページ。
（12）同右、四〇二―四〇三ページ。
（13）大谷武一『体育指導の原理と方法』同文書院、一九三一年、六七ページ。
（14）同右、六八ページ。
（15）同右、七三ページ。
（16）前掲『改訂学校体操の指導』、一〇〇―一〇一ページ。
（17）同右、九七ページ。
（18）同右、九九―一〇〇ページ。
（19）同右、一〇五ページ。
（20）大谷武一『最近体育思潮』同文書院、一九三一年、八〇―八一ページ。
（21）同右、八一ページ。
（22）前掲『改訂学校体操の指導』、一〇二―一〇三ページ。
（23）同右、一〇四ページ。
（24）同右、一〇六ページ。

(25)同右、一〇九ページ。
(26)同右、一一〇ページ。
(27)同右、一〇八—一〇九ページ。
(28)前掲『最近体育思潮』、八一—八二ページ。
(29)前掲「学校体操の指導」、三五ページ。
(30)同右、三六ページ。
(31)同右、三七—三八ページ
(32)大谷武一『増訂学校体操の指導』目黒書店、一九二七年、一二五ページ。
(33)同右、一二五ページ。
(34)前掲『体育指導の原理と方法』、五一ページ。
(35)同右、五二—五三ページ。
(36)同右、二—三ページ。
(37)前掲「学校体操の指導」、三六ページ。
(38)大谷武一『体育の諸問題』目黒書店、一九二四年、五ページ。
(39)前掲「学校体操の指導」、三六ページ。
(40)同右、三六ページ。
(41)前掲『最近体育思潮』、一三〇ページ。
(42)前掲『改訂学校体操の指導』、一〇六ページ。
(43)同右、一〇三ページ。
(44)同右、一〇八—一〇九ページ。
(45)大谷武一『学校体操の指導』目黒書店、一九二五年、九七—九八ページ。
(46)前掲『増訂学校体操の指導』、一四八ページ、前掲『改訂学校体操の指導』、一八四—一八五ページ、大谷武一『新訂学校体操の指導』

目黒書店、一九三七年、一八二ページ。
(47) 大谷武一『学校体育概論』文成社、一九三〇年、一五二ページ。
(48) 前掲『低鉄棒運動』、一五ページ。
(49) 前掲『学校体操の指導』、緒言一ページ。
(50) 同右、緒言二ページ。
(51) 同右、八ページ。
(52) 前掲『最近体育思潮』、二〇―二一ページ。
(53) 同右、九五―九六ページ。
(54) 永井道明の著作については、『学校体操要義』(大日本図書、一九一三年)、『体育講演集』(健康堂体育店、一九一三年)、『学校体操教授要目の精神及び其の実施上の注意』(教育新潮研究会、一九一四年)を分析した。
(55) 前掲『増訂学校体操の指導』、一二五ページ。
(56) 前掲『体育指導の原理と方法』、五三ページ。
(57) 同右、一二四ページ。
(58) 大谷武一『体育とスポーツの諸問題』目黒書店、一九三五年、一六二―一六三ページ。
(59) 永島惇正「体育教師と授業――藤森成吉『或る体操教師の死』を手がかりに――」影山健編『体育授業のための社会学』(講座保健・体育科教育の科学と理論、五)日本体育社、一九八二年、一一八―一一九ページ。
(60) 今村嘉雄・宮畑虎彦『新修体育大辞典』不昧堂出版、一九七六年、一一二〇ページ、今村嘉雄「学校体育に寄与した人々(二)――二宮文右衛門」『学校体育』第二巻七号、一九四九年、二〇ページ。
(61) 二宮文右衛門『体育全史』目黒書店、一九三四年、四六九ページ。
(62) 二宮文右衛門『新学校体育論』成美堂書店、一九三六年、五八ページ。
(63) 二宮文右衛門『体操教授学』成美堂書店、一九三七年、一七五ページ。
(64) 二宮文右衛門『新時代の要求に応ずる小学校体操』目黒書店、一九二三年、五九ページ。

(65)同右、五九―六〇ページ。
(66)同右、六〇―六一ページ。
(67)二宮文右衛門『学校体操』目黒書店、一九二六年、五一―五二ページ。
(68)二宮文右衛門「体操指導の進歩と将来への希望」『学校体育』第七巻四号、一九三一年、五ページ。
(69)二宮文右衛門『中心教材体操指導法』(学校体育文庫第一一巻)一成社、一九三四年、五三―五四ページ。
(70)二宮文右衛門『体育概論』目黒書店、一九三六年、四四九ページ。
(71)前掲『中心教材体操指導法』(学校体育文庫第一一巻)、五四―五五ページ。
(72)二宮文右衛門『新学校体操』目黒書店、一九四〇年、三五〇ページ。
(73)二宮文右衛門『体育指導原論』目黒書店、一九三二年、一八二ページ。
(74)前掲『新時代の要求に応ずる小学校体操』、一八六―一八七ページ。
(75)前掲『学校体操』、一八八ページ。
(76)前掲『新学校体操』、三三九ページ。
(77)二宮文右衛門「中心教材の意味と其の指導について」『体育と競技』第一八巻九号、一〇―一一ページ。
(78)前掲「体操指導の進歩と将来への希望」、五ページ。
(79)二宮文右衛門「学校体育指導上の諸問題」初等教育研究会編『新興小学校体育:第三十八回全国訓導協議会記録』(『教育研究』臨時増刊第三九〇号)一九三二年、六一―六二ページ。
(80)二宮文右衛門「体操科教授上に於ける欠陥とその反省」『体育と競技』第一七巻一〇号、一九三八年、一一ページ。
(81)同右、一一―一二ページ。
(82)前掲『新学校体操』、三七九―三八〇ページ。
(83)同右、三八〇ページ。
(84)同右、三八〇ページ。
(85)同右、三八一ページ。

(86) 同右、三八一ページ。
(87) 同右、三八一―三八二ページ。
(88) 同右、三八二ページ。
(89) 前掲『新時代の要求に応ずる小学校体操』、五九―六〇ページ。
(90) 同右、六〇―六一ページ。
(91) 前掲『体育指導原論』、一八二ページ。
(92) 前掲『中心教材体操指導法』(学校体育文庫第一一巻)、二八ページ。
(93) 同右、五三ページ。
(94) 前掲『新学校体育論』、二三三ページ。
(95) 前掲『新学校体操』、三八二ページ。
(96) 同右、三八三ページ。
(97) 前掲『学校体操』、四六九ページ。
(98) 前掲『体育指導原論』、二七八―二七九ページ。
(99) 同右、二八一―二八二ページ。
(100) 前掲『中心教材体操指導法』(学校体育文庫第一一巻)、一四ページ。
(101) 同右、二二ページ。
(102) 同右、五四ページ。
(103) 前掲『新時代の要求に応ずる小学校体操』、四一ページ。
(104) 同右、四二ページ。
(105) 前掲『学校体操』、三七ページ。
(106) 前掲『新学校体操』、二九六ページ。
(107) 同右、五七二ページ。

(108) 前掲『中心教材体操指導法』(学校体育文庫第一一巻)、一三一ページ。
(109) 前掲『体育概論』、四三二ページ。
(110) 同右、四三二ページ。
(111) 前掲『新学校体育論』、一三三ページ。
(112) 同右、一四八ページ。
(113) 同右、一一二ページ。
(114) 井上一男『学校体育制度史』増補版、大修館書店、一九七〇年、一〇九ページ。
(115) 前掲『新学校体育論』、一二五—一二六ページ。
(116) 同右、一二六ページ。
(117) 同右、一二七ページ。
(118) 同右、一二二ページ。

第二章 篠原助市に依拠した体育論における「運動技術」

第一章で明らかにしたように、一九三〇年代中頃から、二宮は篠原助市の体育論に依拠し、「運動技術」が人格に寄与すると考えるようになった。こうした言及の前後で二宮の「運動技術」指導に対する考え方に大きな変化はなく、一貫して「技術の末に走る」ことを批判していたが、篠原の体育論に依拠した人物が「技術の末に走る」という批判と対立するような指導法を提唱していた可能性は否定できない。本章では、篠崎謙次と浅井浅一という、篠原の影響を受けながら「運動技術」について論じていた人物を取り上げ、彼らが篠原の体育論をもとに「運動技術」についてどのように考えていたのか、そしてどのように指導法へ反映したのかを明らかにする。そのうえで、彼らの体育論を第一章で明らかにした大谷、二宮の体育論と比較し、「技術の末に走る」という批判との関係を考察する。

第一節　篠崎謙次の体育論における「運動技術」と人格陶冶

篠崎謙次は、一九一一年四月三〇日、栃木県に生まれた。東京文理科大学教育学科を卒業後、一九三六年二月から一九三九年三月まで愛媛県師範学校教諭及び同男子附属小学校訓導として活動する。以後、東京府立高等学校、東京文理科大学副手（心理学教室兼教育相談部勤務）、佐野高等女学校教諭、栃木県師範学校教授を経て宇都宮大学教授、同附属小学校長、同幼稚園長となった人物である(1)。

愛媛県師範学校在任中の一九三六年には、「第十六回愛媛教育研究大会」において、「研究教授」として「尋五男体操教授」を担当するとともに、研究発表では「体育指導上の諸注意と教師の態度(2)」を発表した。篠崎自身も、「私は所謂研究教授を数回行っても来たし又幾回となく見せられもした。そしてこれ等は今後共しばしば繰り返されて私に与えられることであろうと思う」と述べ、また「私は又色々の人の授業をみた。そしてそれ等を一々批評せねばならぬ立場に置かれた(3)」という。さらに、「ある学校の五年生の児童をたのまれて指導した(4)」ことがあったと述べている。「研究教授」を任されることが多く、また他の学校から授業を依頼されていたことから、篠崎の体操科実践は高く評価されていたといえる。また、他の訓導に対して指導的役割を担っており、理論的な側面からも評価されていたことがわかる。以上のことから、篠崎は実践、理論の両面から評価されていた人物であり、彼の「運動技術」に対する考え方や指導法は実践に少なからず影響を与えたと考えられる。

第一項　「運動技術」と人格陶冶の関係

まず、篠崎が「運動技術」と人格陶冶の関係をどのように説明していたのかを明らかにしていく。先行研究で指摘されるように、篠崎は人格陶冶に寄与することが体育の理想と考えていたが、一九三六年の「体育要論（一）」で、「身体がもつその事実的意味を知る事なしに吾々は体育の意義を論ずる事は出来ない(5)」のように、「体育の意義」、いいかえれば体育における人格陶冶を考えるためにはまず身体の意味を明らかにする必要があると述べている。このような問題意識から、篠崎は身体と精神の関係について取り上げ、以下のように述べている。

精神はどこに存在しているのであろうか?即ちそれは吾々の実体としての身体が、吾々の行動的環境（行動的環境の章参照）と時間的、空間的関係を結ぶその関係に於て生ずるものである。もっと平たく之を言うならば、吾々の目が外界の物を見開き、手に触れるというその関係に於てそこに一つの異った心的動きを感ずるというのだ。だから心は目にも耳にも手にもそれぞれの働きとして現われるものでなければならない。

篠原教授は体育私言中に「手の先、足の先にも心がある。手は心である。だから吾々は身体を教育する。」という意味の言葉を暗示的に投げ与えているがその意味は要するに身体の時空的関係に心を求めたに他ならぬ(6)。

この言及から、篠崎は篠原の体育論に依拠して、身体が外界の物と関わることにより、身体の働きとして精神が現れると捉えていたことがわかる。

このような身体と精神の捉え方を前提として、篠崎は「精神が動作に現われ人格が技術に表現せられるとはかかる自己（精神身体を含む）と行動的環境内の物とが吾々の人生或は生活の中で重要な意味を見出した時に於てである（傍点原文ママ）[7]」と述べている。ここから、篠崎は自己と外界の物とが関係を結び、意味づけを行うことによって「運動技術」が人格と関係をもつようになると考えていたことがわかる。また、両者の関係について以下のように述べている。

体育としての技術はそれが意志の自己表現であり、精神と肉体との寸分隙なき統一であり（傍点原文ママ）、静止せる人格が直ちに全き動としての人格にまで表現せられる事でなければならない。つまりは創造としての自己実現が技術に現われ、それはやがて自己の個性の中に於ける陶冶価値の実現となって人格価値にまで高まるのである。[8]

このように、篠崎は、「運動技術」は自己の意志や人格の表現であり、「運動技術」を習得することは、精神と肉体とを統一することと捉えていた。そのため、「運動技術」習得により「意志の自己表現」、「自己実現」が可能になり、「運動技術」が「人格価値」と関係をもつことになると考えていたのである。また、篠崎は一九三七年の「体育要論（五）――意志陶冶論――」でも、篠原の言葉を引用しながら以下のように述べている。

篠原博士は「身体は精神の顕現様相であり意志実現の機関であるが故に身体の教育は又意志の教育であ

る」という意味の言葉を投げている（中略）かかる意味に於て身体は是非共意志と完全に一致する方向に働かなければ人間の身体（人格的な身体）としての意味を失うであろう。それ故体育が人格陶冶であるという事は、身体を人間のものとしての、人格的な意義に建設する事に他ならず、意志と身体との寸分障なき統一こそかかる目的を満す唯一のものでなければならない。[9]

この言及から、篠崎は「意志と身体との寸分障なき統一」、すなわち「運動技術」習得によって意志を実現することが篠原の述べる意志の教育であり、体育における人格陶冶と捉えていたことがわかる。また、意志と身体の統一が人格陶冶という目的を満たす「唯一のもの」であり、そうでなければ人格的な身体としての意味を失うと述べていることから、「運動技術」習得が人格陶冶に不可欠と考えていることが明確である。そのため篠崎は、「意志と技術の方向とを完全に一致させる様に体育する事が必要である」[10]と述べている。以上のように、篠崎は「運動技術」を意志や人格の表現と捉え、「運動技術」習得によって意志と身体を統一し、意志を実現することが、人格陶冶に寄与する体育のあり方と考えたのである。

しかしながら、篠崎は一九三六年の「体育要論（二）」で、「吾々は何故に技術を目して自己実現、人格実現と見做すか。この問題を解決せんとすればその発生的な考察に依って技術が精神的なものとして生来した事を知るより他ないであろう」[11]と述べている。つまり篠崎は、篠原の体育論のみではなく、「技術の発生的考察」[12]にも依拠して「運動技術」と人格陶冶の関係を説明していたのである。

では、篠崎は「技術の発生」をどのように捉えていたのか。以下のように述べている。

人々は世界の統率者として世界歴史を創造し動植物や自然に対する自己の生活の卓越を求めんとして凡ゆる自由運動性を利用した。人々は木をこすり合わせて火を用い石をもって物を切る事を初めた。ここに初めて人間のみが利用し得る道具が用いられる様になった。（中略）そこに道具利用の技術と道具を製造する技術とが生来した。而しながら道具の利用は人類の自主独立、自己表現に対する要求のあらわれ（傍点原文ママ）であり生活に対する実現である事を忘れてはならない。自由運動性が与えた処の道具の利用、即ち広く技術は内的要求の行動であり表現形式（傍点原文ママ）であった。[13]

この言及から、篠崎は、人々が「道具利用の技術」あるいは「道具を製造する技術」を生み出してきた背景には、「生活の卓越」や「自主独立、自己表現」のために道具を作り、利用しようという要求が存在したと捉えていたことがわかる。そして、この考察を根拠として、「技術は本来それに内具する精神的意味を保持するものであり、それ故技術は必然的に精神を暗示するものでなければならない[14]」と述べている。篠崎はこのような「技術の発生的考察」に基づいて、体操科における「運動技術」を意志や人格の表現と捉えていたのである。

以上のように、篠崎は、まず「技術の発生的考察」によって「運動技術」を意志や人格の表現と捉えていた。そして、篠原の体育論に依拠し、「運動技術」を習得して意志と身体を統一することが人格陶冶に寄与する体育のあり方と考えたのである。

第二項　人格陶冶に寄与する「運動技術」習得の考え方

篠崎は、先述のように「運動技術」と人格陶冶の関係を説明していたが、一方で、「単なる外形的な技術でなしに人格表現としてのうまさ（傍点原文ママ）が求められる[15]」と述べ、「運動技術」習得が即人格陶冶になるわけではないと指摘している。では、どのようにして「運動技術」習得が人格陶冶に寄与するようになるのか。篠崎は、以下のように述べている。

人間の一挙手一投足も厳密な意味で人格を表現するとすれば凡て之等は深い人格的意味を包含する技術であり又あらねばならない。故に精神的技術としての体育的技術は人格的技術として、往時の武士が技術の修練に依って武士たるの道をみがいて行った如く或は禅僧が座禅の修練に依って悟の道を求めるが如く、吾々は個々の小宇宙たる人道を表現しつつ悟の境地へまで向う事を理想とせねばならない[16]。

また、一九四〇年の「技術の考察」でも、「往古より技の奥技を窮めたものは又他方に於て高邁なる人格の所有者となり、人間修養に武術や茶の如き形式が用いられた事は当然の事であろう[17]」と述べ、さらに「技術の深化は、身体の自在なる人格的形成心身一如の形成であって、その深き境地は澤庵禅師の不動智神妙録に於て至細に明快に表現されていると言って過言ではなかろう[18]」としている。つまり篠崎は、武道や座禅、茶道における修錬を、人格陶冶に寄与する「運動技術」習得の理想像と捉え、これら日本古来の修練を理想とすることで、「運動技術」習得が人格陶冶に寄与するようになると考えていたのである。

以下では、日本古来の修練を理想とした、人格陶冶に寄与する「運動技術」習得の考え方について明らかにしていく。

一、運動に対する要求の喚起

先述したように、篠崎は「運動技術」に意志や人格が現れると考えていたが、それは自己が外界の物と関係を結び、重要な意味づけを行った時においてであった。したがって、どのようにして物に対する意味づけがなされるのかをまず明らかにする必要がある。このことについて篠崎は、一九三七年の「体育要論（三）——意志陶冶論——」で、「個人と物との実際の物理的距離が問題となるのではなく個人が或る事に如何に誘意性を感じ自己に対する意味を発見するかに依って環境として重要な位置が与えられるか否かが決定される[19]」と述べている。この「誘意性」こそが自己と物との関係であり、「例えば子供が甘い菓子に向ってひきつけられるであろうし、薬に対しては之をさけようとする態度があらわれる。前者に於ては誘意性が（＋）《プラス》の関係にあるといい、後者すなわち分析の場合にあっては（−）《マイナス》の関係にある[20]」という。つまり篠崎は、ある物に対して重要な意味づけがなされるためには物に対しプラスの誘意性を感じることが必要であり、このことが「運動技術」に人格が現れる前提と考えていたのである。

そして、篠崎は、「誘意性を基礎として各々がある事柄を好み之に引きつけられる様な心的緊張を構成した時吾々は之を意図」といい、「意図の発生からそれが実現せられるまでの全過程（傍点原文ママ）[21]」が意志であると述べている。つまり、「運動技術」習得による意志と身体の統一あるいは意志の実現とは、発生した意図にかなった運動の実現と捉えることが可能である。そのため、篠崎は一九三七年の「体育要論（四）——意志陶冶論——」

で以下のように述べている。

体育が意志の陶冶に欠く事の出来ぬ一面を背負い、体育活動が如何に意志発展に資するのであると云ってももろもろの運動に対する意図が発生しなければ一切の体育活動は行われ得べくもない。換言すれば運動したいと言う欲求が現われ自己の運動として自己が行う事を意味するのでなければ意図的活動は発現しないしそれ故意志的活動もあり得る筈はない。(22)

この言及から、篠崎は、「意志の陶冶」いいかえれば人格陶冶にはまず外界の物や事柄、すなわち跳箱や鉄棒などの施設・用具や「逆上」などの「運動技術」に対してプラスの誘意性を感じ、運動に対する欲求を喚起することが不可欠と考えていたことがわかる。

しかしながら篠崎は、「欲求は比較的明瞭な目的を持つ要求へまで高めて行かなければならない(23)」と述べている。では、両者はどのように異なるのであろうか。篠崎は、一九三九年の「体操教授に於ける要求水準（一）」で以下のように述べている。

要求は欲求を基礎として分化発展したものである。欲求は犬や猫にもあるものであるが、人間ではこれが予想期待などの如く時間的に発展して要求となるのである。欲求は無茶苦茶でもかまわぬ、唯運動がしたいという意志的には極めて低いものであるが要求はどういう運動がしたい、どういう風にやりたいという、より高い段階に導かれているものである。欲求は一時的なもので、動物などは障碍に依ってそれを満足されないでもいつのまにか消えてしまう（人間も同様）ものであるが要求はそれが満足されないうちは、態度として（傍点原文ママ）久しい間緊張状態が残り、いつかの機会を待ちもうけているのである。[24]

この言及から、篠崎は、欲求は目標が曖昧なため、何らかの障碍によって容易に減少する一時的な意図であるのに対し、要求は目標が明瞭であり、満足されるまで長期的に持続する意図と考えていたことがわかる。そのため、篠崎は、運動に向かう意図が欲求にとどまっている場合には、「体操が非常に好きな児童でも、寒い日や暑い日つかれた時、同じことをくどくど説明されたり、しばしば運動が中断され、やらせてもらえない時は運動欲求は減少するのである。今好きで一生懸命やっていたのに、いつ嫌だと投げ出さぬともかぎらない[25]」と述べている。一方、要求が喚起された状態では「比較的長い間緊張状態を保っていて、今何かの都合でうまく運動出来なくても又次の機会にやろうとする[26]」という。また、「要求は一度び満足され緊張が解消されると更に高い段階の要求をよびおこして来るものである[27]」と述べている。これは、「運動技術」習得に即していえばある「運動技術」を習得するまで練習し続けることであり、また習得後も出来栄えを高めることやより難しい「運動技術」習得に向かって練習することである。篠崎は、「体操教授に於てかかる包括的な緊張状態を起し保たせることは最終の美であるといってよい[28]」と述べており、緊張状態を保たせること、つまり要求を喚起することをいかに重視していたのかが明確である。

以上のように、篠崎は、運動に対する要求を喚起すること、すなわち明瞭な目標をもち運動に向かう意図を長期間保持することが、「運動技術」習得が人格陶冶に寄与するために不可欠と考えていた。

二、「意志動作」

先述のように、篠崎は意志を「意図の発生からそれが実現されるまでの全過程」と捉えていた。そこで、以下では、発生した意図すなわち欲求や要求がどのように実現されるのかを明らかにしていく。篠崎は、「体育要論（四）――意志陶冶論――」で、意図の実現に向けて行われる動作を「意志動作」と呼び、「完全に意図に向う動作」としての「意図的動作」と「意図を圧迫しようとする動作」である「自制的動作[29]」の二つからなると述べている。具体的には以下のようである。

　意図的動作の特徴は自己を対象に向って動かす事であり、之に向って努力する事である。然るに後者即ち自制的動作にあっては常に圧迫と抑圧とであるが故にそれは対象に引きつけられまいとする反抗を特徴とする。それ故意志の内容は提示せられた対象に向って意識的に熱望する事であり活動的に努力する事を意味し更に之に対して抑圧反抗する力を意味するものである。[30]

この言及からは、「意図的動作」と「自制的動作」は相反するように思われるが、篠崎は、「自制動作と称せられるものは多く何等かの理念を目標とし又は信念に関係している点に於ては意図的動作に類似し目標や信念を積極的に実現する前にそれに有害なる欲求を禁止し抑圧せんとするのである[31]」と述べている。つまり、「運動技術」習得を目指した練習における「自制的動作」とは、「運動技術」習得に有害な欲求を抑圧することであり、「意図的動作」と同様、「運動技術」習得を目指して行われる動作と捉えることが可能である。篠崎は、「体育が真に意志の陶冶に役立たんが為には積極的な意図動作のみでも消極的な自制的動作のみでもいけない[32]」と述べており、

「意図的動作」と「自制的動作」の二つによる「運動技術」習得が「意志の陶冶」いいかえれば人格陶冶に寄与するために不可欠と考えていたことがわかる。

篠崎は、以上のように「意志動作」について捉えたうえで、「運動技術」習得の理想像としていた武士の修錬について取り上げ、以下のように述べている。

武士道の精神こそは誠に意志陶冶の体育であった。藤原氏と平氏は栄華と恋愛に耽り、果しなき欲求の奴隷となって滅亡せねばならなかった。（中略）かくて先刻を戒めた東国武士は、武を磨き身体を錬磨することに依って積極的に外へ働く意志（意図的）を錬磨し、寡欲を以て内なる欲求を制しつつ自制的意志を修練したのである。キリスト的禁欲主義は只管外的情欲を抑制する事にのみ腐心して内的実践力を失うに致った（原文ママ）。けれ共武士にあっては実践力を培養する為に寡欲と倹素を尊重したのである。かかる武人の理想は、体育的に見るならば、理想実現の為に強度の鍛錬に耐え、如何なる苦心をも抑圧して道をはげむ事に於て体育に依る意志の陶冶であったといえよう。[33]

このように、篠崎は武士の修練を「意図的動作」と「自制的動作」の二つからなる「意志動作」と捉えていた。つまり、篠崎は、要求の実現に向けて努力する「意図的動作」と有害な欲求を抑圧する「自制的動作」によって「運動技術」を習得することで、人格陶冶に寄与することが可能になると考えていたのである。

第三項　指導法への反映

一、要求喚起の方法

要求の喚起については、徒手体操、器械体操、遊戯において言及がみられた。以下、教材ごとに内容を検討していく。

（一）徒手体操

篠崎は一九三七年の「体操に対する好き嫌いとその理由」で、「好きであることは最も強い要求と態度とを造る最良の方法であり、最近叫ばれている民衆体育も或は体育に依る人格陶冶もここから初められるであろう[34]」と述べている。この言及から、篠崎は運動を好きにさせることによって運動に対する要求を喚起しようと考えていたことがわかる。しかし、篠崎は一九三九年の「体操教授に於ける要求水準（二）」で、「徒手体操が遊戯や器械運動より好まれない傾向[35]」があると述べ、一九四〇年の「徒手体操教授の悩みとその解決」でも、「どうしたら徒手体操を児童の要求に応じて教授することが出来るか[36]」ということが当時の体操科の課題になっていたと指摘している。つまり、徒手体操は他の教材と比べて児童・生徒の要求を喚起することが難しいと考えていたのである。

篠崎は、その理由を「目標があまりにも抽象的で漠然として」おり、「成功失敗ということを直接に実証出来ない」ため、「徒手体操にあっては自己の進歩の度合がわからないという点に難点がある[37]」と述べている。そのため、篠崎は、徒手体操においては「どれだけ合目的的な動作が出来るかということ『どれだけうまくなったか』という二つのことを鑑賞し得る眼を養う事が大切で」あり、それには「直接の目標を『誰さん位に上手に』『誰さん位正確に』『誰さん位なめらかに』等を各自にもたせる事」[38]が効果的であると述べている。ここでいう、「どれだけ合目的的」か、「どれだけうまくなったか」ということは「運動技術」の出来栄えや進歩と捉えることが可能である。つまり、徒手体操に対する児童・生徒の要求を喚起するためには、他の児童・生徒を目標にすることにより、自己の「運動技術」の出来栄えや進歩を自覚させることが重要と考えていたのである。

篠崎は、このように徒手体操の指導について捉えたうえで、「徒手体操教授の悩みとその解決」で四つの方法を紹介している。まず、第一の方法について以下のように述べている。

「さあ、しっかりはじめよう…はい！」で、みんな一度に始める。先生は呼称をつけながらみんなのやり方をよく見る。よく目的にかなっているもの、不恰好なもの、努力の足りないもの——色色あるであろう。そのうちで必ず一人か二人、実に立派にやっているものが先生の目にとまると思う。そうしたら先生は「誰君は大へんよくやっている。さあ誰君の方をむいてやって見よう。」といいながらその方を指す。その時児童はすぐ指された人の方を向き、その人を中心として「止め」があるまで運動を経続（原文ママ）する。[39]

つまり、「運動技術」の優れた児童・生徒を指名し、他の目標にするということである。また、その際に、「『誰君のは大変立派だね、みんなよく見ながらやりなさい』とか『臂がよく早く挙って来るね』（側屈）とか『伸び切っている！』という風な短評をしてやると尚いい」[40]と述べている。篠崎は、この方法によって臂の挙げ方や伸びているかどうか等の明瞭な目標を与え、優れた児童・生徒と自己を比較させることにより、各々の出来栄えを自覚させようとしていたのではないかと考えられる。

第二に、篠崎は、「指名した中心児童の示範を観察させる方法」をあげている。この方法では、授業者は「『さあ誰君のは非常に立派に出来ているから一つやってもらおう…止メ！はい誰君』と指名して、そのものに運動を続けさせ他のものは運動を止めて、見る（傍点原文ママ）ということに専心する」(41)という。第一の方法では模範となる児童・生徒と同時に練習させていたのに対して、この方法では観察に主眼を置いていることがわかる。篠崎は、その意図を以下のように述べている。

> 生きている人間自身の体操たる以上、心身のよりよき統一、それがなければならない。かかる統一こそ合理的なるものを含みつつそれを超越する気品や美しさを具えるものであり、一切の修練はこの一点に向って凝集せられるのである。けれどもかかる気品は何人にも直ちに感ぜられるものではない。自己の姿は仲々自己にはわからぬものなのである。そこで自分の同僚がどういう風にやっているかを、よくまなこ（傍点原文ママ）を開けて見るということが極めて大切な事になる。成程誰さんのやり方は自分達が今まで考えていいた世界とちがったもの（傍点原文ママ）をもっているということを感得させるのである（中略）自分も誰君位うまくやって見ようという自覚、こうした自覚が積り積って自然に自己の気品をきずきあげて行くのである。(42)

この言及から、「心身のよりよき統一」すなわち人格陶冶を目指していることがわかる。また、自己の出来栄えがわかりにくいという問題を他者と比較することで解消し、「誰君位うまくやって見よう」という要求を喚起しようとしていることがわかる。

続いて篠崎は、第三の方法として、特定の児童・生徒に示範させるのではなく「一人一回ずつ次々と示範させて行く方法[43]」をあげている。そして、第四の方法では、「四五人或は十人位の一グループ」をつくり、「一グループがやっている時は他のものはよく観ている[44]」ように指導すると述べている。いずれも、児童・生徒同士で「運動技術」を観察し合うことが意図されている。

以上のように、篠崎は、徒手体操に対する要求を喚起するためには自己の「運動技術」の出来栄えや進歩を自覚させることが重要と考えていた。具体的には、上手な児童・生徒を目標にしたり互いに観察し合ったりして「運動技術」の出来栄えを比較させる方法を提唱していた。

(二) 器械体操

続いて、器械体操の指導法に要求の喚起という考え方がどのように反映されていたのかを検討する。篠崎は、「体操教授に於ける要求水準(二)」で児童・生徒の器械体操に対する要求について以下のように述べている。

> 器械体操は要求水準を高めて行く上に非常に都合よい構造を為している。それは器械体操の教材は出来ると出来ないとの間に明瞭な一線があるからである。だから先ずその教材をまがりなりにも「出来る」程度に練習することがだれにでも与えられる要求の水準となるのである鉄棒であれば「あがれる」ということ、跳箱であれば「跳び越せる」ということ、それが最初の要求水準（傍点原文ママ）となる。この水準は主観的にも客観的にも非常に明瞭な目標であるから、児童はこれには是非成功したいものと強い要求を起すのである。（中略）然しこの時に教師は単に「あがれた」「跳びこせた」という以外にもっともっと気もちよい

世界が、もっと立派な世界があることを知らせなければならない。「もっと楽な気もちであがれ」とか「もっとすなおに」という水準を与える。かくして水準の高まる世界があることを児童自身が知って来れば、水準は次々と高くなって行き止るところを知らない。(45)

篠崎は、器械体操はできる、できないが明瞭なため、要求を喚起しやすいと捉えている。また、児童・生徒は第一に、成功したい、できるようになりたいという要求を起こすため、器械体操に対する要求を喚起するためには、まず「まがりなりにも『出来る』」ことを目標にし、続いて出来栄えを高めるという順番で指導することが効果的と考えていたのである。

しかしながら、篠崎は「体操教授に於ける要求水準（一）」で、器械体操に対する要求の水準は各人各様であり、「蹴上がうまく出来ないと満足しない子供もあれば、逆上が出来たといって大喜びをしているものもある。跳箱でもようやく跳びこせることを以て満足するもの、五段も六段も高いものを跳びたいもの、力や姿勢や気分が整わなければうまく出来たと思わないもの(46)」がいることを指摘している。そして、「水準を高くもちすぎると如何に練習しても水準に達しないで、自分にはとても出来ないと感じ、練習中止の傾向を生む。（中略）又之に反し要求水準が低きに失すれば児童には直ぐに満足の情（傍点原文ママ）があらわれ、練習も進歩も行われないであろう(47)」と述べている。練習が中止されてしまうということは、練習に向かう意図が一時的な欲求の段階にとどまっているといえる。つまり篠崎は、器械体操を、要求を喚起しやすい教材と評価しながらも、各々の能力に応じた「運動技術」を指導することが不可欠と考えていたのである。

篠崎は、このように器械体操の指導について捉えたうえで、具体的な方法を、懸垂運動の「蹴上」を例にあげて以下のように述べている。

　いくら練習しても最初の水準に到達しないいわゆる力の足りない子供は水準をそれより以下に押し下げてやらねばならない。たとえば蹴上がどうしても上れない子供にはその基礎になる逆上り、脚懸上（特に高鉄棒）等に下げる。或は「振り方」「脚をもちあげるところ」「蹴り方」という風な一つ一つの最も具体的なるものに要求の水準をつけてそれ等の一つ一つを満たすことに依って全体の水準に到達させることが大切である[48]。

つまり、児童・生徒にとって指導する「運動技術」が難しすぎる場合には、より簡単な「運動技術」に変更することや、「運動技術」をいくつかの要素に分解し、段階的に指導することが効果的と考えていたのである。
また、一九四〇年の「体操教授の手記（完）――器械の運動――」では、脚懸上を例にあげ、以下のように述べている。

　脚をかけて棒上にあがるという事はだまっていても誰れにでもわかる。凡てのものがここに向って努力するわけである。けれども凡てにその努力がむくいられるとは限らない。そこで仲々水準まで到達しないもののために、脚をかけるという事を先ず第一の目標とするとか、脚をかけて正しく振る練習という風に、水準に達するためにどうしても通らなければならぬ関門を、その時間の努力点と定めて漸時之を推し進めて行くのである。かくて水準に到達すれば一歩を進めて一度の振動で上る事を目標とし更に片足踏切から両脚踏切に向って努力するという事にすれば、脚懸上という教材はどれ程長く連続されようと、練習の内

容に於ては常に新らしい課題として児童の意志を換越（原文ママ）し得る。(49)

ここでも、ある「運動技術」を習得できない児童・生徒に対して段階的に指導する方法を提唱している。一方、一つの水準に到達した場合には「一度の振動で上る」ことや「片足踏切から両脚踏切に向って努力する」というように、出来栄えの向上を目標にすることで徐々に高い要求を喚起することが可能になると考えていたのである。以上のように、篠崎は、器械体操において児童・生徒の要求を喚起するためには、まずはできるようになること、続いて出来栄えを高めることを目標として指導することが効果的と考えていた。また、各個人の能力に応じた段階的な指導法を提唱していた。

(三) 遊戯

篠崎は、「遊戯は狩猟本能、逃走本能、争闘本能等種々な本能的欲求から出発しているものが多い」ため、「高い程度の要求というよりもむしろ欲求的、衝動的範囲を出でないものである」と述べている。例えば、「球を目的に向ってはこぶという要求よりはむしろ、無茶苦茶に手足を動かしたり、他人ととりくもうという運動衝動、争闘本能(50)」が現れるという。

先述したように、篠崎は、人格陶冶に寄与するためには運動に向かう意図を欲求から要求にまで高めることが不可欠と考えていた。そのため篠崎は、遊戯においては「如何に之を欲求から要求の場面へ衝動から意志的な場面へ発展させるかが重大問題となる」とし、以下のように指導することが重要と述べている。

初めは全然無規則の状態から次第に規則を定め、造りしながら次第に遊戯目標への統制に入らなければならない。これ即ち遊戯目標への要求発生である。かくて生じた要求の水準は先ず「勝つ」ということの中におかれる。然るに勝つためには如何なる行動をも許すというものではないから、勝つ前に「如何に合法的に」「如何に立派に」という水準を与えなければならない。前者に依れば無数の基本練習と技術の進歩が考え出され、後者に在っては無限に高い人間的な深さが考え得られる。

それ故凡ゆるスポーツの修練に於ても勝つことに目標水準をおきつつも、行為的な要求水準は常に合法性と立派に（傍点原文ママ）という二つにおかなければならない。時としては勝つという水準を追いぬいて行為的水準が高まり、自己の将来の技術的な進歩とか、人間性というものを擁護するために、勝つことを放棄することさえある。それはそうあることがほんとうである。(51)

篠崎は、無規則な状態から次第に規則を定めていくことによって、遊戯に向かう意図を「本能的欲求」から「勝つ」という明瞭な目標をもった要求へ高めようとしていたのである。また、「合法的に」勝つという要求を喚起することで「運動技術」習得が目指されるようになると考えていた。

しかしながら、篠崎の遊戯に関する言及はわずかであり、具体的な方法については述べていない。また、遊戯の指導法においては、「本能的欲求」を遊戯目標に対する要求にまで高めることに主眼が置かれており、「運動技術」についてはわずかに「合法的に」勝つという要求と結びつけて論じられているにすぎない。加えて、「技術の進歩」が「立派に」勝つ、あるいは「人間的な深さ」ということとは区別して論じられており、人格陶冶との結びつきも不明確である。

二、「意志動作」の反映

先述のように、「意志動作」とは要求の実現に有害な欲求を抑圧しつつ努力することであった。このような考え方は、器械体操と教練において論じられていた。以下二つの教材について検討していく。

（一）器械体操

篠崎は、「体操教授に於ける要求水準(二)」で器械体操について以下のように述べている。

器械体操は運動場の花である。この水準は徒手体操のように一回や二回の練習で苦もなく到達出来るというものではない。何回も何回も失敗し或いは殆んど水準を満したかの如く、も少しで出来るぞという希望をもたせ、又出来たり出来なかったりという状態がしばらくつづいてとうとう成就するものである。この時の児童の喜びは大きい。長い間一つの水準を目指して殆んど己に言いきかせる如く努力するということは、恐らく他の教科には見られない意志表現的な場面であろう。(52)

注目すべきは、「運動技術」習得に向けた長期間の努力を器械体操の特徴と捉えていたことである。「も少しで出来るぞという希望」をもって練習し、「運動技術」習得の結果大きな喜びを味わうという記述から、ここでいう努力とは「運動技術」習得という要求の実現に向けた努力であり、「意志動作」の積極的側面である「意図的動作」と捉えることが可能である。

こうした児童・生徒の「意図的動作」はどのような指導により起こるのか。篠崎は「体操教授の手記(完)──

器械の運動――」で、「器械の指導では、一つの教材を一学期二学期、長きは一年二年とたゆまず努力して仕上げるものが多いのである。同一教材を毎時間毎時間練磨して行く事が特徴である[53]」と述べている。つまり、器械体操において同一教材を長期間継続して指導することで、「運動技術」習得に向けた児童・生徒の「意図的動作」が起こると考えていたのである。

以上のように、器械体操の指導法には「意志動作」の積極的側面である「意図的動作」が反映されていた。しかしながら、「意志動作」の消極的側面とされる「自制的動作」すなわち児童・生徒が「運動技術」習得を目指す際にどのような有害な欲求が存在し、それをいかに抑圧させるのかということについては言及していなかった。

(二) 教練

篠崎は、「教練の場面は服従の場面で」あり、例えば「『気ヲ著ケ(原文ママ)』という一つの場面の力に自らを服する(傍点原文ママ)ことを意味するのである。だから早く遊戯がやりたいという欲求をもっていても、要求水準のピントを自ら新しい場面『気ヲツケ』に合わせなければならない[54]」と述べている。つまり、児童・生徒に対して「遊戯がやりたい」という欲求を自ら抑圧し、「気ヲツケ」に向かうことを要求しており、この例示には、「意志動作」の消極的側面である「自制的動作」の考え方が現れている。

しかし、どのようにして「気ヲツケ」に対する要求を喚起するのかという具体的な言及はみられなかった。

第二節　浅井浅一の体育論における「運動技術」と意志の教育

浅井浅一は一九〇八年五月、新潟県に生まれた。一九三一年に東京高師体育科を卒業後、滋賀県女子師範学校に赴任し、教諭として活動する。一九三五年には東京文理科大学教育学科に入学し、一九三八年に同校を卒業する。卒業後は一九四〇年まで東京府立第三中学校教諭を務め、一九四一年には東京高師助教授となる。以後、一九四五–五二（昭和二〇–二七）年に岡崎高等師範学校（一九四九年より名古屋大学となる）教授を、一九五二–七二（昭和二七–四七）年に奈良女子大学文学部教授を務める[55]。

浅井の体育論はこれまで「運動技術」指導をめぐる問題という観点からは明らかにされていないが、浅井は「篠原の『身体の意志的形成』を高く評価しながらも、一方では『生』の身体の価値を、極めて希薄にする体育となってしまった」と批判的にとらえて[56]おり「単に篠原を鵜呑みにしていたわけではなかった[57]」と評価されている。また、浅井は東京高師を卒業後、滋賀県女子師範学校と東京府立第三中学校で教諭を務めていたが、その間に東京文理科大学で修学していた。この経歴について体育雑誌では「実践の人浅井君は理論への思慕止みがたく、再び学究の人となった。従って生きた体験が学問的に反省される点に於て彼の理論は生命を持っていると思う。ここに理論と実践とを常に結びつけて行き度いという真剣な浅井君を誌上に御紹介いたし度いと存じます[58]」と紹介されている。つまり浅井は、篠原の体育論に単純に依拠していたわけではなく、批判的に検討したうえで実践に反映させようとしていたと考えられる。したがって、篠原の体育論が「運動技術」指導をめぐる問題にどのような影響を与えたのかを考察するうえで、浅井が篠原の体育論をどのように捉え、「運動技術」にどのような意義を付与していたのかということや、その考え方をどのように指導法へ反映したのかを明らかにすることは重要な意味をもつ。

第一項　「運動技術」への意義づけ

序章で述べたように、浅井は篠原の体育論を「体育の本質」と評価していた。そのうえで、篠原の体育論を体現するものとして日本古来の「技術練習」を捉え、「運動技術」習得における心の変容を分析していた。つまり、浅井は「運動技術」習得における心の変容こそが体育の本質と考えていたのではないかと思われる。そこで、まず、浅井が篠原の体育論をどのように捉えていたのかを前提として把握する。その後に、「運動技術」習得における心の変容をどのように説明していたのかを明らかにする。

一、篠原助市の体育論に対する認識

浅井は、一九三九年の「篠原教育学とその体育観」で、篠原の体育論を以下のように評価している。

篠原教育学に於ける体育は、「身体の意志的形成」を本質とし、どこまでも精神の教育、意志の教育である、それ故に身体と意志、身体と精神、此の両者の関係を考察せずして、単に身体を養育することは、重要ではあるけれども高々衛生学、医学の領域に属することであって、人間を教育する体育からは全く範疇を異にして居るものとならなければならない。(59)

この言及から、浅井は篠原の体育論を精神の教育、意志の教育と評価するとともに、その実現には身体と意志あるいは精神の関係を考察することが不可欠と考えていたことがわかる。では、篠原の体育論をもとに身体と意志の関係をどのように捉えたのか。浅井は、篠原の体育論を「内からの見方の体育[60]」と理解したうえで、その特徴を以下のように説明している。

「心此処になければ、見るもの見えず」とある様に若し「見る」という意志が働かなければどうして物を見ることが出来るであろうか、「見える」とは「見る意志」の表現である。意志する時に始めて身体は行為となって表現する。これが、「外」から「内」への大転換を行った、思想の中心である[61]。

篠原の「内からの見方の体育」において、身体の行為は意志の表現と把握されていたのである。つまり、身体と意志の関係は、行為として表現するものと表現されるものと解釈できる。浅井は、こうした捉え方がさらに身体と意志の関係を以下のように把握することを可能にすると述べている。

茲に於いて、身体は自己の意志に抵抗する道であると同時に、又自己の意志の延長として働くが故に意志の自由に従う忠僕と考えられるに至ったのである、従って篠原教育学に於ては、常に身体と精神の二概念を先ず定立することから始まって、その両者の関係が説かれて居ることに注意しなければならない[62]。

浅井は、行為を身体による意志の表現と捉えるとき、身体と意志の間には「抵抗」、「忠僕」という二つの関係が存在すると理解したのである。つまり、身体は意志の忠僕として行為するだけではなく意志に抵抗することもあるというのである。

浅井は、このように身体と意志の関係を把握したうえで、「身体が意志の忠僕なることに於いて、意志と身体は、主従、上位下位の概念に於いて定立され、『身体は精神の顕現様相である』というのがこれを説明する有名な言葉である」[63]のように、体育の本質と評価していた篠原の言葉を、身体が意志の忠僕となった状態を説明する言葉と捉えていた。つまり、浅井は、身体と意志の間には「意志に抵抗する身体」と「意志の忠僕としての身体」という二つの関係が存在すると捉えたうえで、身体を意志の忠僕として教育しようとするのが篠原の体育論の特徴であり、意志の教育であると理解したのである。

二、篠原の体育論と「運動技術」との接点

では、先述の考え方が「運動技術」とどのように関係するのか。浅井はこの点について「篠原教育学とその体育観」では詳述していないが、一九三八年の「中学校に於ける蹴上の指導」で、「技術の進歩」に伴う「教育的作用」を「生徒は、自分の身体でありながら、自分の自由ならざる体を、自己の心に従わせんと努める。彼等は日に日にその障碍を克服する」[64]と述べている。「自由ならざる体」とは意志に抵抗する身体であり、「自己の心に従わせんと努める」とは、身体を意志の忠僕にすることであると考えられる。つまり、浅井は「技術の進歩」を、意志に抵抗する身体を意志の忠僕にする過程として捉えたのである。浅井は、一九三七年の「東京府五日市尋常高等小学校体操授業参観記（二）」でも、「思う様にならない体を思う様に自分で形成してゆくところの興味が一面大切で其処に容儀を整えるとか技術の練習が価値を有して来る」[65]と述べており、「技術の練習」が身体を意志の忠僕とし

て形成することに寄与すると考え、そこに「運動技術」の意義を見出していたことが明確である。すなわち浅井は、「運動技術」を、身体を意志の忠僕として形成するために必要な要素と捉え、意志の教育という意義を付与していたと考えられる。浅井はこのように「運動技術」と意志の教育を関係づけたうえで、「『技術の末に走る体操』と技術万能を否定する一部の体育家の従来の見解に対して、一層技術的態度の尊重を答えようとすることになるであろうと、心ひそかに思うのである[66]」のように「技術の末に走る」という批判に言及している。この言及から、浅井は「技術の末に走る」ことを批判する体育家に対して、「技術的態度の尊重」を主張しようとしていたことがわかる。すなわち、「運動技術」は枝葉末節あるいは手段にすぎないと捉える大谷や二宮の考え方を批判し、「運動技術」のもつ意義を強調していた。このことは、後に分析する浅井の指導法がもはや「技術の末に走る」指導の克服という文脈で考案されてはいないことを物語っており、「運動技術」指導をめぐる問題を明らかにするうえで重要な意味をもつ。

三、「運動技術」習得における意志の把握

先述のように、浅井は篠原の体育論と「運動技術」を関係づけ、意志の教育という意義を付与していたが、一九三九年の「心理学が開拓する体育の新領域」では、篠原の体育論に対し、「篠原教育学が、客観的体育を主観的体育に内的転換を行ったけれども、その統一体たる精神は未だ渾沌たるものであった」のように限界を指摘し、「意志とか精神とかは従って体育を探究するものの課題となり、我々体育家にとっては何等かの方法によってそれを理解する労作のたびが続けられなければならなかった[67]」と述べている。浅井は、篠原の体育論においては意志の内容が渾沌としており、「運動技術」習得が意志の教育となるためには、意志とは何かを明確にする必

要があると考えていたのである。
こうした問題意識から、浅井は、禅や剣法、能などを考察の対象とした黒田亮(68)の心理学を手がかりに、意志を「識」と「覚」に二分して捉えている。まず、「識」については、「覚を取り巻いている念慮、この念慮こそは、識すなわち日常心煩悩心である(69)」のように、「念慮」、あるいは「日常心煩悩心」と捉えている。一方、「覚」については「覚の心は無心である。無心とは一切の心すなわち一切の念慮の働きがないことを意味する(70)」のように、「念慮」である「識」の消失した「無心」と捉えていることがわかる。
浅井は、このように意志を捉えたうえで、「ぼんやり戸外を眺めつつあるときの覚と、苦心の末漸く習得した技能に没頭する覚には明に相違がある」のように、習得した「運動技術」に没頭する「覚」は単なる「無心」の状態とは異なると述べている。では、習得した「運動技術」に没頭する際の意志をどのように把握したのか。浅井は以下のように説明している。

緑の草葉にうっとりと対する時の気持ちと入神の技に吾自ら陶酔して之に没入する時の気持ちとは、没我の境—自證—に於いて同一であっても、そこに働く覚は自ら異れる方向を暗示し、同時に深みを異にする。此の因子設定とは覚に位相を認めることであった、従って最高次の覚は、凡て現実の束縛から脱却して無心を證するの位となって居る。(71)

ここでいう「入神の技」とは、「苦心の末漸く習得した技能」と捉えることができる。また、「現実の束縛から脱却して無心を證する」とは、苦心の末「運動技術」を習得し、没入していく過程を説明していると考えられる。

浅井は、このように「現実の束縛から脱却して」到達した「覚」を「最高次の覚」と捉えている。つまり、浅井は、「運動技術」習得を、心理的な側面から「識」を消失して「覚」に至る過程と捉え、習得した「運動技術」に没頭しているときの意志を単に「無心」の状態とは異なる最高次の「覚」と把握したのである。

浅井は、このように「運動技術」習得における意志を捉え、「識―煩悩の世界を裁断して覚すなわち仏心に徹するのが行である。新しい体育の歩みは茲に存する」[72]のように、体育において煩悩すなわち「識」を消失し、無心の「覚」に至ることの重要性を指摘している。すなわち、「覚」に至るまで熟練することが体操科における「運動技術」習得の到達点と捉えたのである。

以上のように、浅井は、篠原の体育論における意志を把握するため、「運動技術」習得を心理的に考察し、習得した「運動技術」に没頭している際の意志を「識」の消失した「覚」と捉えていた。浅井は、意志をこのように把握したうえで篠原の体育論をどのように説明したのか。この点について浅井は直接的に言及していないが、習得した「運動技術」に没頭している際の意志は「覚」であり、そのとき身体は「覚」の忠僕になっていると解釈される。つまり、浅井は、身体を意志の忠僕へ形成するという篠原の体育論を、身体を「識」の消失した「覚」の忠僕へ形成することと捉えなおし、「運動技術」習得を通してそこへ到達することが体操科における意志の教育と考えていたのではないかと思われる。

第二項　意志の教育としての「運動技術」習得

先述のように、浅井は、篠原の体育論に依拠して「運動技術」に意志の教育という意義を付与するとともに、意志を「識」と「覚」から把握し、「運動技術」習得により身体を「識」の消失した「覚」の忠僕へ形成することが体操科における意志の教育と捉えていた。以下では、一九四〇年の「技術練習解剖論」を史料とし、浅井がそこに至る過程をどのように論じていたのかを明らかにしていく。なお、「技術練習解剖論」では、「運動技術」習得の過程を「興味」、「模倣」、「創造」、「熟練」の順で論じているため、この順序に沿って明らかにしていく。

一、興味

浅井は、「技術練習」の「第一関門は興味」であり、「技術練習の第一歩は、自由に愉快に、勝手放大遊ぶことの出来る方向に出発する」と述べている。しかしながら、「興味と云っても、衝動的興味に終始するならば、その練習は永続しない。すなわち興味の消失と共に、技術的関心も、進度も消失する」[73]のように、その興味は「衝動的興味」とは異なるという。では、どのような興味が必要と考えていたのか。浅井は以下のように述べている。

> 興味の極端なる形は、凝るということである。凝ることとは、何回も何回も練習することである。それは外で見る目もおかしい位である。斯る練習は、その中に、身心共に草臥れて来る。いくらやっても、目的の高さが跳べない、己が抜けないということになる。どうもうまくいかん。そこで考えなければならないという意識が起って来る。茲に至って指導者を要求し、秀れた人を観察し依他心が生れる。これが物事の研究の序曲である。[74]

この言及から、浅井は「勝手放大遊ぶ」段階から「凝る」段階へと移行すると次第にうまくいかなくなり、「考えなければならないという意識」、「依他心」が起こると考えていたことがわかる。浅井は、このような意識を「運動技術」習得に必要な興味と捉えていたのである。つまり、どうすればうまくいくのかを考え、指導者を要求する段階にまで興味が高まることが、意志の教育としての「運動技術」習得に不可欠と考えていたのである。

二、模倣

では、このような興味を出発点として、どのように「運動技術」習得に向かうのか。浅井は、「ランニングならば、腕の振り方はどうか、体の倒し方はどの位がよいか、スタートはどうするか」のように「姿勢の研究が始まる」とし、その特徴を以下のように述べている。

研究と云ったところでこの頃は未だ、技術に関する断片的知識の習得である。よいと考えられる方法は、何んでも無批判に習得しようとする。模倣は極めて旺盛となる。過度の模倣は、秀れた人の癖や欠点を長所と心得たりする、悪いフォームで固り、技術が外道に走るのもこの頃である。(75)

浅井は、姿勢の研究において、まずはよいと考える方法を無批判に模倣するために、悪いフォーム、外道に走ってしまうと述べている。

一方、浅井は「其の人のフォームの合理的客観性をよく批判して模倣するならば、それは上達の一方法となるのであってその模技を通して、その人の技術の呼吸を呑みこむことになる」(76)のように、無批判に模倣するのではなくフォームの合理性を批判しながら模倣することで上達が可能になると指摘している。浅井は、「運動技術」

習得において、他者の「運動技術」を批判しつつ模倣することが重要と考えていたのである。

三、創造

浅井は、批判的な模倣によって「運動の呼吸を飲み込む」ようになると、「練習は他律的より自律的に」なり、「会得した自分の呼吸によって、走り、跳び、蹴上をすることになる。創造に入るのは、此処からである[77]」のように、練習が他律から自律へ、模倣から創造へ変化していくと述べている。浅井は、この段階では、「今まで一つであった運動が、幾つかの運動要素に分析され始め」、「一つ一つの要素も亦、幾つかの因子によって構成されて居ることもわかって来る[78]」のように、一つの運動を複数の「要素」、「因子」に分けて捉えるようになると述べている。そして、この段階の練習方法を「先ず一つのファクターを固定して、その固定因子に対して、他のファクターを順繰りに組脱して練習して見ることが大切である」と説明したうえで、その特徴を以下のように述べている。

相当難しいものになると、どの組合せがよいのか、全然取捨に苦しむ。そしてついにその技術がわからなくなって、五里霧中を彷徨する。どう考へても出来そうにない。ついに、がっかりして膝を抱えて長大息する。秀れた人をあいつは天才だと思う。責任を自分の天性に転嫁する。技術なるものに疑を持つ。これが大抵の人のやめる時期である[79]。

この言及から、浅井は、「運動技術」を創造していく段階にまで進むと、うまくいかない苦しみを味わい、大抵の人はやめてしまうと考えていたことがわかる。浅井は、この段階の練習を、「険しい坂か、闇夜であって、決して楽しいものではない」、「興味は変じて、真剣である」と述べており、浅井が「技術練習」の「第一関門」と述べていた興味の段階を離れていることがわかる。しかしながら、「此の練習こそ、何百回となく繰り返さなければならないもので、練習に本当に数をかけるのは此の時期からである[80]」のように、この段階における練習を重視している。すなわち、興味を出発点としながらも、楽しい段階にとどまらず、苦しみながら「要素」、「因子」を組み合わせる段階にまで練習を重ねることが必要と考えていたのである。

四、熟練

浅井は、先述のように「運動技術」習得の過程を説明したうえで、最終的な到達点を以下のように説明している。

> 終に練習の結果、最初不可能と思われた技術も、大して心を用いなくても、容易に、機械の様な正確さに於いて出来る様になる。身体のメカニズムの神秘性を体得する。この様になったら斯道一貫の行、一先ず修了せるものである[81]。

ここから、最終的に「心を用いなくても、容易に、機械のような正確さ」でできる状態にまで「運動技術」に熟練したとき、練習が修了すると考えていたことがわかる。そして、浅井は、機械のような正確さにまで熟練した段階を、「或る物にこだわる心の消失した無碍の境地[82]」と説明している。これは、先述した、「識」の消失した「覚」の状態と考えられる。つまり、浅井は、心を用いなくても機械のように正確にできる状態を、身体が「覚」の忠僕となった、「運動技術」習得の到達点と考えていたのである。

以上のように、浅井は、第一に、運動への興味を出発点とすること、第二に、他者の「運動技術」を批判的に模倣すること、第三に、うまくいかない苦しさに耐え、運動の「要素」、「因子」の組み合わせを考えながら練習に数をかけること、そして最後に心を用いずとも正確にできる状態にまで熟練することが意志の教育としての「運動技術」習得と考えていたのである。

第三項　指導法への反映

続いて、浅井が先述の考え方をどのように指導法へ反映していたのかを明らかにしていく。浅井は器械体操、徒手体操、球技の指導法の中で「運動技術」に言及していたため、以下、それぞれの教材について検討していく。

一、器械体操

（一）懸垂運動

浅井は、一九三八年の「中学校に於ける蹴上の指導」で、「蹴上」指導の初期段階を以下のように述べている。

姿勢の正しさは第二段として、先ず、曲りなりにも、蹴上で鉄棒上に臂立懸垂となることが、生徒にも興味あることである。鉄棒上より下界を見て彼等は征服欲の快感を満喫するであろう。それには「膝が屈っても足先を速く鉄棒に持ってゆく」ことである。(83)

ここから、指導の初期段階では生徒の興味を重視していることがわかる。また、興味を喚起するためには「征服欲の快感」を味わわせることが重要と考え、そのために細かい姿勢は気にせず「曲りなりにも」できるということを第一の目標としている。

また、生徒に「運動技術」を指導する方法として「技術の模範」をあげ、「生徒の技術の程度に応じて、模範を示すことは有効である。立派なる技術を示して見せることは亦大切である。生徒はそれによって、教師の技術の骨を純真に把握する」[84]と述べている。加えて、「生徒相互の指導、生徒はお互いに技術上の観察批評を行うことも大変有効である。生徒の優秀なる者はそれを級友に示し、生徒相互の力で級友をよくしてゆくことは美しい状景である(原文ママ)」[85]のように、生徒同士で「運動技術」を観察批評させる方法を提唱している。先述のように、浅井は「運動技術」習得の初期段階において他者の「運動技術」を批判しつつ模倣することを重視しており、その考え方が反映されている。

浅井は、このような指導を通して「生徒が大半蹴上が出来る様になることが、指導の第一段である」としている。そのうえで、「第二段」の指導を以下のように述べている。

> 第二段として教師は技術の仕上げにかからなければならない。「楽に」「気持のよい」「調子の乱れない」蹴上が出来る様に陶冶をすすめる。教師の持つ型に閉じ込めない様にして、漸次「美しき蹴上」にまで到達する様に指導するには、それから尚時日の要することであり、各部分の矯整と、それが絶えざる反復練習が行われなければならない。[86]

指導の「第一段」では興味を重視し、「曲りなりにも」できるようになることを目標にしていたが、「第二段」では「美しき蹴上」へ出来栄えを高めることを目標としている。また、「教師の持つ型に閉じ込めない様にして」という記述から、模倣を離れ創造へ向かわせようとしていると考えられる。さらに、「各部分の矯整」とあるように、浅井は、「蹴上」を「(1)鉄棒の握り、(2)跳びつき、(3)振れ、(4)振れと蹴りの時間関係、(5)足首の伸び、(6)臂の曲り」[87]という「要素」に分解し、反復練習させることを提唱している。これらの言及から、「運動技術」を創造していく段階では「要素」の組み合わせを考えながら練習に数をかけるという考え方が反映されていることがわかる。

さらに、浅井は、一九四〇年の「低鉄棒に依る蹴上の指導」では、「蹴上」を「(イ)跳びつき(懸り方)―上り方―下り方が(ロ)跳びつき―脚の上げ方―蹴り方―臂立懸垂―下り方と漸次分解されてゆく」のように「要素」へ分解したうえで「更に、分解された一つの要素『跳びつき』の動作に於いても『踏み切り』、『鉄棒の握り』、『跳びつきの方向』、『体と臂の角度』等の因子が考えられて来る」[88]のように、各「要素」を複数の「因子」にまで分解している。

以上のように、浅井は懸垂運動において、初期段階では興味を重視し、できるということを第一の目標とする方法や、授業者や優れた生徒の「運動技術」を観察し、模倣させる方法を提唱していた。そして、出来栄えを高め熟練していく段階では、「運動技術」を複数の「要素」、「因子」に分解し、反復練習させる方法を提唱していた。

(二) 跳躍運動

浅井は、一九三九年の「斜開脚跳の指導に就いて」で、「斜開脚跳」の指導法について以下のように述べている。

跳箱を最初から喜んで跳ぶ生徒は極めて珍しいのであって、大ていの子供は先ず恐怖を感ずる。この心を除去することは容易なことであるけれども、指導の最初には重要なる問題である。(89)

跳箱を喜んで跳ぶ、いいかえれば興味をもって取り組むためにはまず恐怖心を除去することが必要と考えていたのである。浅井はこのことを「重要なる問題」と述べており、「運動技術」習得において興味を「第一関門」とする考え方が反映されている。では、どのように恐怖心を除去し、興味を喚起しようとしていたのか。浅井は、「生徒の恐怖心を去る為には、『臂立跳上下』と『臂立跳越』の指導をしたいと思う」とし、その理由を「臂立跳上下では生徒が、跳箱に跳上る動作を習熟せしめるに役立ち、脚力は勿論、その支配力、臂の使方とその力等を培うのである(90)」と説明している。つまり、前に指導した「運動技術」や力が次の「運動技術」習得を促すような段階的指導を行うことで恐怖心を除去することが可能になると考えていたのである。浅井は「臂立跳上下」から「臂立跳越」への移行時期についても「臂が単に体を挙げ支える役で終って居るだけでなくて、進んで体を前方に運び出す為に突き挙げる働きをする様に迄強くなって来たら、次の臂立跳越の指導に移る(91)」のように、「臂立跳上下」により臂の使い方が身についた段階で「臂立跳越」へ移行すべきと説明しており、段階的な指導を意図していたことが明確である。

続いて、「臂立跳越」の指導法については以下のように述べている。

此の段階に於ける指導の目的は、この跳箱を自信をもって跳び越えることにある。従って助走、踏切、その入り方、等々細い技術的ポイントは、しばらく生徒自らの工夫活用にまかせて、只ひたすら目前の跳箱を越えることに絶対の希望をかけて工夫稽古する生徒を今は欲しいのである。[92]

懸垂運動と同様、初期の指導では「運動技術」を「助走」、「踏切」、「入り方」といった複数の「要素」に細分化することなく、できることを目標にすべきと提唱している。さらに、「腰掛を使用したり、人の背を利用したりする臂立跳越は唯一の興味ある補助運動である」と述べており、練習の第一関門と重視していた興味に配慮していることがわかる。

浅井は、このように「臂立跳越」の指導法に言及した後、主教材である「斜開脚跳」の指導法を説明している。そこでは、まず、以下のように「運動技術」を鑑賞する重要性を指摘している。

教師の説明は或る程度、生徒の技術修練の助けとなるに過ぎない。最も大切なことは、指導者が生徒と共に技術を鑑賞することである。此の鑑賞の全体的気分の中に生徒は斜開脚跳を直観する。それは生徒各自に目に見えない斜開脚跳の急所をつかませることになるのである。[93]

浅井は、「運動技術」を鑑賞することを「最も大切なこと」と述べており、「運動技術」指導における鑑賞、模倣をいかに重視していたのかが明確である。一方、浅井はその後の指導法について以下のように続けている。

この程度に進んで来ると、生徒は自分でどんどん進んで来る。指導者の説明も生生として生徒に吸収される。今「踏切り」が高いと生徒に注意する。それによって生徒は踏切りが注意されて居ることはわかる。

併しながら「高い」ということはどうしてもわからない。それが何回も練習して居る中に、或る瞬間、パッと電光の如く直観し、納得する。(94)

ここでは、「自分でどんどん進」む段階について言及しており、これは、模倣する段階から「運動技術」を創造する段階へ進んでいると解釈される。また、「踏切り」という一つの「要素」に焦点を当てていることがわかる。加えて、「どうしてもわからない」状態において「何回も練習」すると述べているところに、創造の段階で練習に数をかけるという考え方が反映されている。

以上のように、浅井は、懸垂運動と同様、跳躍運動においても、初期段階では興味を重視し、できることを最初の目標とする指導法を提唱していた。加えて、恐怖心を取り除くために段階的に指導し、自信をもたせることが重要と考えていた。また、初期段階で他者の「運動技術」を鑑賞させることや、創造の段階で練習に数をかけることが強調されていた。

二、徒手体操

続いて、徒手体操の指導法を分析していく。浅井は、一九四〇年の「中学校十月の指導案」で以下のように述べている。

一つの運動が、技術的に見て、その「きまりどころ」がなければならないと思う。的のはずれのない運動動作を欲する。即ち運動が何回やっても正確に変らない様に練習したい。そして、全生徒の調律が一斉に行われる様に努める。その為に各教材の練習に充分の数をかける必要がある。[95]

この言及から、「運動技術」の出来栄えを重視し、そのために練習回数を強調していることがわかる。浅井は、指導案にも「回数をうんと多くすること（二〇―三〇）[96]」のように、具体的な回数を記しつつ練習に数をかけることを強調している。さらに浅井は、「教材数を減じたのはうんと鍛錬したいからである[97]」のように、一つの運動を数多く練習させるための具体的な方法として教材数を減らすことを提唱していた。このように、徒手体操においても、熟練のために練習に数をかけるという考え方が反映されている。

浅井は一九四〇年の「小学校五六年十一月の指導」でも、徒手体操の指導法について以下のように述べている。

徒手体操は、徒手体操として、漸次完成を求めて進みたい。正しい、臂の振動、正しい、臂の屈伸が注意されたい。即ち身体運動による技術を磨くという態度が培われなければならない。それには、工夫しながら、数多い練習が必要である。

その上に、季節も考慮して、教材数を減じて、一つの教材に多くの回数を練習することに努める様に心掛ける。真剣に、心から掛声の出る位練習したいのである。[98]

ここでも、練習に数をかけるために教材数を減らすことが提唱されている。また、「一つの教材の練習回数をうんと多くするのであるから、全体の教材数は、六教材に減じたのである[99]」のように、具体的な教材数をあげながら、少数の教材に限定して熟練させることを強調している。

以上のように、徒手体操においては練習に数をかけることが強調され、そのために教材数を減らす方法が提唱されていた。また、「六教材」、「二〇―三〇」回のように具体的な数が示されていた。一方、浅井が「運動技術」習得の出発点としていた興味については触れていなかった。また、工夫という文言はみられたものの、「運動技術」をどのように「要素」、「因子」へ分けるのかといった具体的な言及はみられなかった。こうした言及がなぜみられなかったのかは明らかでないが、浅井は「身体を器械に適応せしめるには、技術上の『工夫の精神』が極めて重要である。この工夫する態度は、中心教材の様な高次ある身体能力の錬成に充分に養うことが出来るのである」[100]のように、「工夫の精神」は器械体操によって養うことが可能と述べている。この言及から、浅井は、意志の教育としての「運動技術」習得の考え方を体現するには徒手体操よりも器械体操の方が効果的と考えていたのではないかと思われる。

三、球技

球技については、一九四〇年の「中学校高学年三月の指導」に言及がみられる。浅井は、「チームゲーム（蹴球）の指導には、常に、試合と基本練習とを平行して進めなければならない」とし、「運動技術」指導にあたる「基本練習」の指導法を以下のように述べている。

蹴球を構成する身体運動のモメントを抽象して見ます。すると、ボールを「運ぶ（ドリブル）」「渡す（パス）」「蹴る（キック）」「止める（ストップ）」の四動作になります。これを一つずつ固定し、固定されたもの（身についたもの）を順次にコンビネーションする時、蹴球技術は更に進むのです。

それで、第一、二週は、円陣を作って、ボールをストップとキックの練習をします。第三、四週は、ボールをドリブルしながらパスする練習をいたします。[101]

この言及から、蹴球で用いられる「運動技術」を四つに分けたうえで、一つずつ指導しようとしていることがわかる。そして、個々の「運動技術」が習得された段階でそれらを組み合わせようとしている。しかしながら、球技における「運動技術」指導についての言及はわずかであり、それぞれの「運動技術」を「要素」、「因子」に分ける記述はみられなかった。また、「運動技術」習得の出発点である興味についても触れていなかった。

小括

本章では、篠原助市に依拠して「運動技術」に言及していた篠崎謙次と浅井浅一の著作にあたり、彼らが「運動技術」と人格陶冶あるいは意志の教育との関係をどのように説明し、指導法にどのように反映させていたのかを検討、考察してきた。以下、本章の要点を整理するとともに、彼らの体育論と「技術の末に走る」という批判の関係を考察する。

まず、篠崎は、篠原の体育論や「技術の発生的考察」に依拠して「運動技術」を意志や人格の表現と捉え、「運動技術」習得によって意志と身体を統一することが人格陶冶に寄与する体育のあり方と考えていた。

続いて、「運動技術」が人格陶冶に寄与するためには日本古来の修練を理想とすることが必要であり、以下の二点が不可欠と考えていた。一つめは、運動に対する要求を喚起すること、すなわち明瞭な目標をもち運動に向かう意図を長期間保持することである。二つめは、「意図的動作」と「自制的動作」からなる「意志動作」である。具体的には、要求の実現に向けて努力することと、有害な欲求を抑圧することである。

このような人格陶冶に寄与する「運動技術」習得の考え方は、徒手体操と器械体操の指導法に反映されていた。まず、要求の喚起について、徒手体操においては優秀な児童・生徒を目標にしたり観察し合ったりして、「運動技術」を比較させる方法が効果的と考えていた。一方、器械体操においては、最初はできるようになることを目標にし、その後出来栄えを高めるように指導する方法を提唱していた。また、各個人の能力に応じた「運動技術」を指導することが不可欠と考えていた。次に、「意志動作」については、器械体操において同一教材を長期間継続して指導し、児童・生徒に努力させる方法を提唱しており、「意志動作」の積極的側面である「意図的動作」が反映されていた。

次に、浅井は、篠原の体育論を、意志に抵抗する身体を意志の忠僕にすることと理解したうえで、意志の教育と評価していた。そのうえで、「運動技術」習得が身体を意志の忠僕にすることを可能にすると考え、「運動技術」に意志の教育という意義を付与していた。

また、意志の教育としての「運動技術」習得には、第一に、運動への興味を出発点とすること、第二に、他者の「運動技術」を批判的に模倣すること、第三に、うまくいかない苦しさに耐え、運動の「要素」、「因子」の組み合わせを考えながら練習に数をかけること、第四に、心を用いずとも機械のように正確にできる状態にまで熟練することが必要と考えていた。

浅井の「運動技術」習得に対する考え方は、徒手体操と器械体操の指導法へ反映されていた。器械体操においでは、初期段階では興味を重視し、まずは出来栄えよりもできることを目標にすること、特に跳躍運動では恐怖心を除去するために段階的に指導することを提唱していた。また、授業者や優れた生徒の「運動技術」を鑑賞、模倣させることを提唱していた。続いて、「運動技術」の創造へ向かう段階については、一つの「運動技術」を複数の「要素」、「因子」に分けて練習させる方法を示すとともに、練習に数をかけることを強調しており、意志の教育としての「運動技術」習得の考え方が反映されていた。一方、徒手体操においては、教材数を減少させることで一つの教材の練習に数をかけるようにするという記述はみられたものの、「運動技術」習得の第一関門としていた興味についての言及や、熟練に至る具体的な過程については言及していなかった。

このような篠崎と浅井の考え方を、第一章で明らかにした大谷、二宮の体育論と比較すると、以下の共通点と相違点が存在する。まず、共通点については、教材選択や指導の「経過」に対する考え方であり、児童・生徒の要求や興味を重視したうえで、彼らの能力に応じた教材を選択すること、能力や要求に応じて段階的に上達させることを提唱していた。一方、相違点として、篠崎も浅井も、少数の教材を長期間継続して指導することを提唱していた点があげられる。この考え方は、二宮が批判していた「教材配合」の方法であり、二宮は、篠原の体育論に言及しながらも、少数の教材を固定して熟練させる方法については一貫して批判し、二週間を目安に教材を変更する「循環漸進の方針」を提唱していた。

このような相違の要因として、まず「運動技術」に対する意義づけの違いがあげられる。篠崎は、「単なる外形的な技術」と「人格表現」としての「運動技術」を区別し、すべての「運動技術」に意義を認めていたわけではないが、「人格表現」としての「運動技術」に対して単なる手段以上の意義を認めていたと考えられる。さらに浅井は、「技術の末に走る」という文言に批判的な見解を示したうえで「運動技術」の意義を強調しており、「運動技術」を枝葉末節とは捉えていなかったことが明確である。こうした「運動技術」の捉え方が、より熟練を重視する方向へ向かわせたと考えられる。次に、篠崎、浅井ともに、単に要求や興味を重視していたわけではなかったことが考えられる。篠崎は、要求の喚起とともに、有害な欲求を抑圧しつつ要求の実現に向けて努力する「意志動作」を強調していた。浅井も、「運動技術」に熟練する段階では、興味をはなれ、苦しみに耐えながら練習に数をかける必要性を主張していた。こうした考え方が、一つの「運動技術」を長期間継続して指導するという方法に反映されていたのである。

以上のことから、篠崎、浅井の「運動技術」に対する考え方と「技術の末に走る」という批判は、児童・生徒の心身に応じた教材選択や指導の「経過」という点では共通していたが、「教材配合」の方法については対立していたといえる。つまり、篠原助市の体育論の影響により、「運動技術」指導に関して、多数の教材を循環させながら指導する方法と、少数の教材を長期間固定して指導する方法という二つの対立する方法が体操科の中に共存するようになったのである。第三章では、このように「運動技術」指導をめぐる問題が複雑化していく中で授業者がどのように実践していたのかを明らかにするため、東京高師附小の訓導であった齋藤薫雄と中島海の理論と実践を分析していく。

【引用文献及び注】

（1）篠崎謙次の略歴については、以下の文献に紹介されている。山田栄・小沼洋夫・篠原重利編『小・中学校における道徳実践指導講座』（第三巻）、光風出版、一九五六年、四二九ページ、篠崎謙次『改訂道徳教育要説――内面的自覚の精神過程とその指導――』高陵社書店、一九七〇年、著者略歴欄、愛媛大学教育学部附属小学校『百年史』編集委員会編『百年史』愛媛大学教育学部附属小学校、一九八六年、一一七六ページ。
（2）前掲『百年史』、七一八-七一九ページ。
（3）篠崎謙次「体操科の研究教授について」『小学校体育』第三巻七号、一九三八年、六九-七〇ページ。
（4）篠崎謙次「体操教授の手記（三）――教授の力動的進行――」『体育と競技』第一九巻九号、一九四〇年、四〇ページ。
（5）篠崎謙次「体育要論（一）」『体育と競技』第一五巻一一号、一九三六年、三ページ。
（6）同右、三ページ。
（7）同右、四ページ。
（8）同右、八ページ。
（9）篠崎謙次「体育要論（五）――意志陶冶論――」『体育と競技』第一六巻五号、一九三七年、一三ページ。
（10）前掲「体育要論（一）」、八ページ。
（11）篠崎謙次「体育要論（二）」『体育と競技』第一五巻一二号、一九三六年、二三ページ。
（12）同右、二三ページ。
（13）同右、二四ページ。
（14）同右、二五ページ。
（15）同右、二〇ページ。
（16）同右、九〇ページ。

(17) 篠崎謙次「技術の考察」『体育と競技』第一九巻一二号、一九四〇年、六三ページ。
(18) 同右、六八ページ。
(19) 篠崎謙次「体育要論(三)――意志陶冶論――」『体育と競技』第一六巻三号、一九三七年、一〇ページ。
(20) 同右、一一ページ。
(21) 同右、一一ページ。
(22) 篠崎謙次「体育要論(四)――意志陶冶論――」『体育と競技』第一六巻四号、一九三七年、一〇ページ。
(23) 前掲「体育要論(三)――意志陶冶論――」、一二ページ。
(24) 篠崎謙次「体操教授に於ける要求水準(一)」『小学校体育』第四巻一〇号、一九三九年、三五ページ。
(25) 同右、三五ページ。
(26) 同右、三六ページ。
(27) 同右、三六ページ。
(28) 同右、三六ページ。
(29) 前掲「体育要論(四)――意志陶冶論――」、七ページ。
(30) 同右、九ページ。
(31) 同右、八ページ。
(32) 前掲「体育要論(五)――意志陶冶論――」、一四ページ。
(33) 同右、一五ページ。
(34) 篠崎謙次「体操に対する好き嫌いとその理由」『小学校体育』第二巻一一号、一九三七年、二四ページ。
(35) 篠崎謙次「体操教授に於ける要求水準(二)」『小学校体育』第四巻一一号、一九三九年、八〇ページ。
(36) 篠崎謙次「徒手体操教授の悩みとその解決」『小学校体育』第五巻一号、一九四〇年、七一ページ。
(37) 前掲「体操教授に於ける要求水準(二)」、八一ページ。
(38) 同右、八二ページ。

(39)前掲「徒手体操教授の悩みとその解決」、七五ページ。
(40)同右、七六ページ。
(41)同右、七七ページ。
(42)同右、七六―七七ページ。
(43)同右、七七ページ。
(44)同右、七七―七八ページ。
(45)前掲「体操教授に於ける要求水準(二)」、八二―八三ページ。
(46)前掲「体操教授に於ける要求水準(一)」、三七ページ。
(47)同右、三七ページ。
(48)前掲「体操教授に於ける要求水準(二)」、八三ページ。
(49)篠崎謙次「体操教授の手記(完)――器械の運動――」『体育と競技』第一九巻一〇号、一九四〇年、四八ページ。
(50)前掲「体操教授に於ける要求水準(二)」、八三―八四ページ。
(51)同右、八四ページ。
(52)同右、八三ページ。
(53)前掲「体操教授の手記(完)――器械の運動――」、四七ページ。
(54)前掲「体操教授に於ける要求水準(二)」、八二ページ。
(55)丹羽劭昭「戦後学校体育を支えた人たち　第三回浅井浅一――体育の民主化・科学化をめざした人――」『学校体育』第四九巻六号、一九九六年、六八ページ。
(56)山本徳郎「篠原助市『体育私言』(一九三二年)に関する一考察」『奈良体育学会研究年報』第一六巻、二〇一一年、一ページ。
(57)山本徳郎「浅井浅一研究事始――体育は教育か科学か――」『奈良体育学会研究年報』第一五巻、二〇一〇年、三〇ページ。
(58)浅井浅一「学校体育の新しき態度」『学校体育』第一四巻二号、一九三五年、一七ページ。
(59)浅井浅一「篠原教育学とその体育観」『小学校体育』第四巻四号、一九三九年、四七ページ。

(60) 同右、四四ページ。
(61) 同右、四五ページ。
(62) 同右、四五―四六ページ。
(63) 同右、四六ページ。
(64) 浅井浅一「中学校に於ける蹴上の指導」『体育と競技』第一七巻六号、一九三八年、六三ページ。
(65) 浅井浅一「東京府五日市尋常高等小学校体操授業参観記(二)」『小学校体育』第二巻一一号、一九三七年、八五ページ。
(66) 前掲「中学校に於ける蹴上の指導」、六八ページ。
(67) 浅井浅一「心理学が開拓する体育の新領域」『小学校体育』第四巻五号、一九三九年、三六ページ。
(68) 黒田亮は、一八九〇(明治二三)年に生まれ、東京帝国大学文学部卒業後、京城帝国大学教授となった人物であり、「文学、文献学、動物心理学、東洋心理学など幅広い分野で活躍した」(黒田亮『続勘の研究』講談社、一九八一年)。
(69) 前掲『心理学が開拓する体育の新領域』、三七ページ。
(70) 同右、三八ページ。
(71) 同右、三九ページ。
(72) 同右、四〇ページ。
(73) 浅井浅一「技術練習解剖論」『体育と競技』第一九巻五号、一九四〇年、一三ページ。
(74) 同右、一四ページ。
(75) 同右、一四ページ。
(76) 同右、一四ページ。
(77) 同右、一四ページ。
(78) 同右、一四―一五ページ。
(79) 同右、一五ページ。
(80) 同右、一五ページ。

(81)同右、一五ページ。
(82)同右、一七ページ。
(83)前掲「中学校に於ける蹴上の指導」、六六ページ。
(84)同右、六六ページ。
(85)同右、六七ページ。
(86)同右、六八ページ。
(87)同右、六八ページ。
(88)浅井浅一「低鉄棒に依る蹴上の指導」『体育と競技』第一九巻九号、一九四〇年、七一ページ。
(89)浅井浅一「斜開脚跳の指導に就いて」『体育と競技』第一八巻六号、一九三九年、七一ページ。
(90)同右、七一ページ。
(91)同右、七一ページ。
(92)同右、七一ページ。
(93)同右、七二ページ。
(94)同右、七二―七三ページ。
(95)浅井浅一「中学校十月の指導案」『体育と競技』第一九巻一〇号、一九四〇年、七九ページ。
(96)同右、八〇ページ。
(97)同右、八一ページ。
(98)浅井浅一「小学校五六年十一月の指導」『体育と競技』第一九巻一一号、一九四〇年、七一ページ。
(99)同右、七二ページ。
(100)前掲「中学校十月の指導案」、七九ページ。
(101)浅井浅一「中学校高学年三月の指導」『体育と競技』第一九巻三号、一九四〇年、七五ページ。

第三章　東京高等師範学校附属小学校における「運動技術」指導

第一節　齋藤薫雄の体操科実践における「運動技術」指導

齋藤薫雄は一八九四（明治二七）年九月、栃木県那須郡黒羽町に生まれる。一九一五年に栃木県師範学校を卒業し、一九一六（大正五）年四月、栃木県女子師範学校訓導に任命される。その後一九一八年九月に東京高師附小訓導となり、一九一九年には文検体操科に合格している。一九四二年からは東京高師の助教授を兼任し、以後一九四四（昭和一九）年まで務めるが、一九四五年三月に戦死している。[1]

齋藤は、当時の体育雑誌において、「齋藤薫雄は人ぞ知る実際体育の大家である」[2]、「我国初等教育界の体育的指針として、理論と実践の調和に尽粋せられて居る」[3]、「全国の田舎の訓導たちから、やれ講習だ、やれ講演だ、著書だと大いにもてている」[4]と評価されている。つまり、彼の理論や実践は、講演や著書、雑誌論文等を通して他の訓導に流布され、参考にされていた。また、東京高師附小訓導に就任後は「専ら二宮文右衛門氏について熱心に研究した」[5]とされ、要目調査委員であった二宮の考えを理解したうえで実践を展開していたと考えられる。

著書をみても「新要目に基く」、「新要目準拠」のように、タイトルに要目の語を含んだものが複数存在し[6]、要目に基づきながら自身の考えを展開していたことがわかる。

したがって、彼が「技術の末に走る」という批判にどのような見解を示し、そのうえでいかに実践していたのかを明らかにすることは、授業者が「運動技術」指導をめぐる問題に対しどのように取り組んでいたのかを考察するうえで重要な意味をもつ。

第一項　齋藤薫雄の体育観

まず、「技術の末に走る」という批判に対する齋藤の見解を明らかにするための前提として、彼が体操科において何を重視し、「運動技術」をどのように位置づけていたのかを明らかにする。齋藤は、一九三〇年の『体操科教育問答』において、以下のように「運動技術」に言及しつつ成績考査の方法を述べている。

簡単に考えると、体操科の成績考査は、各教材の出来栄えを審査すれば、よさそうに思われる。例えば教練がキチンと出来るかどうか、体操が正確に行い得るかどうか、或種の競技のレコードはどうだというようなことについて考査すればよさそうに思われる。勿論斯様な、体育教材の個々のものについて、其の出来栄えを査定することは重要な方面に違いない。しかし体操科の目的とするところは単に技術方面にのみ限られるべきものではなく、むしろ技術の修練を通して獲得されたところの、身体的成果及び精神的効果が重要なのであるから、そうした根本的方面こそ考査の対象とならなければならないのである。[7]

齋藤は、各教材の出来栄えである「運動技術」を「重要な方面」と認めているが、それ以上に「技術の修錬」を通した「身体的成果及び精神的効果」が重要と考えていたのである。それは、「技術方面」に対して身体的成果や精神的効果を「根本的方面」と述べていることからもわかる。

では、齋藤は体操科の目的である身体的成果、精神的効果についてどのように考え、そこに「運動技術」をどのように関係づけていたのか。まず、齋藤は「身体的方面」を「発育」、「栄養」、「姿勢」の三要素からなる「体格及体質」と、「走力」、「跳躍力」、「懸垂力」、「巧緻力」の四要素からなる「体力」に分類している。一方、「精神的方面」は「規律」、「協同」、「勇気」、「果断」、「忍耐」、「公正」[8]の六要素に分類している。そのうえで、齋藤は体力の一要素である「巧緻力」について、「巧緻力とは換言すれば技術である」[9]のように「運動技術」と同義と捉えていた。また、「巧緻力」の考査方法についても、「跳躍運動、鉄棒による懸垂運動、平均運動、行進遊戯、唱歌遊戯、正確投、其の他代表的な体操、遊戯競技について、技の巧拙を観察し、甲乙丙、美良可等の評語で表わす」[10]と述べており、「技の巧拙」すなわち「運動技術」は「巧緻力」を評価する規準であったといえる。つまり、齋藤は体操科の目的である身体的成果、精神的効果を一三の要素に分類して捉えたうえで、「運動技術」をその中の一要素である「巧緻力」として位置づけていたのである。

これら身体、精神に関する要素の中で、「巧緻力」すなわち「運動技術」はどの程度の比重を占めていたのか、齋藤は『体操科教育問答』では述べていないが、一九三四年の「日本体育の新建設について」の中で、小学校体育において特に強調すべき点について以下のように述べている。

思うに小学校の体育として、最も強調すべきは、身体方面に於ては、健康であり、精神方面に於ては、快活とか、規律とか、服従とか言ったような方面である。秀れた巧緻性の訓練や、勇気とか剛毅とか或は協同社会性の陶冶とか言ったような方面は勿論必要であるが、軽重の問題を考えるならば、自ら第二、第三の意義を有することになりはしないかと思う。[12]

ここでは、身体方面において「健康」を強調し、「巧緻性の訓練」すなわち「運動技術」を「第二、第三の意義」と位置づけている。健康という要素は先述した成績考査の項目には含まれておらず、具体的に何を示しているのかは不明であるが、少なくとも齋藤にとって「運動技術」は主要な位置づけでなかったといえる。また、一九三四年の『最近体育諸問題の解決』では、懸垂運動や跳躍運動に関して、「懸垂運動に於ては懸垂力を養うことを第一義とし、跳躍運動に於ては跳躍力を養うことを第一義とし、之等の運動が巧みに出来るというようなことは、第二段に考えて行くべきものである[13]」と述べている。齋藤は、体力の要素として挙げていた「懸垂力」や「跳躍力」を第一義とし、「運動が巧みに出来る」すなわち「巧緻力」を第二段に位置づけていたの

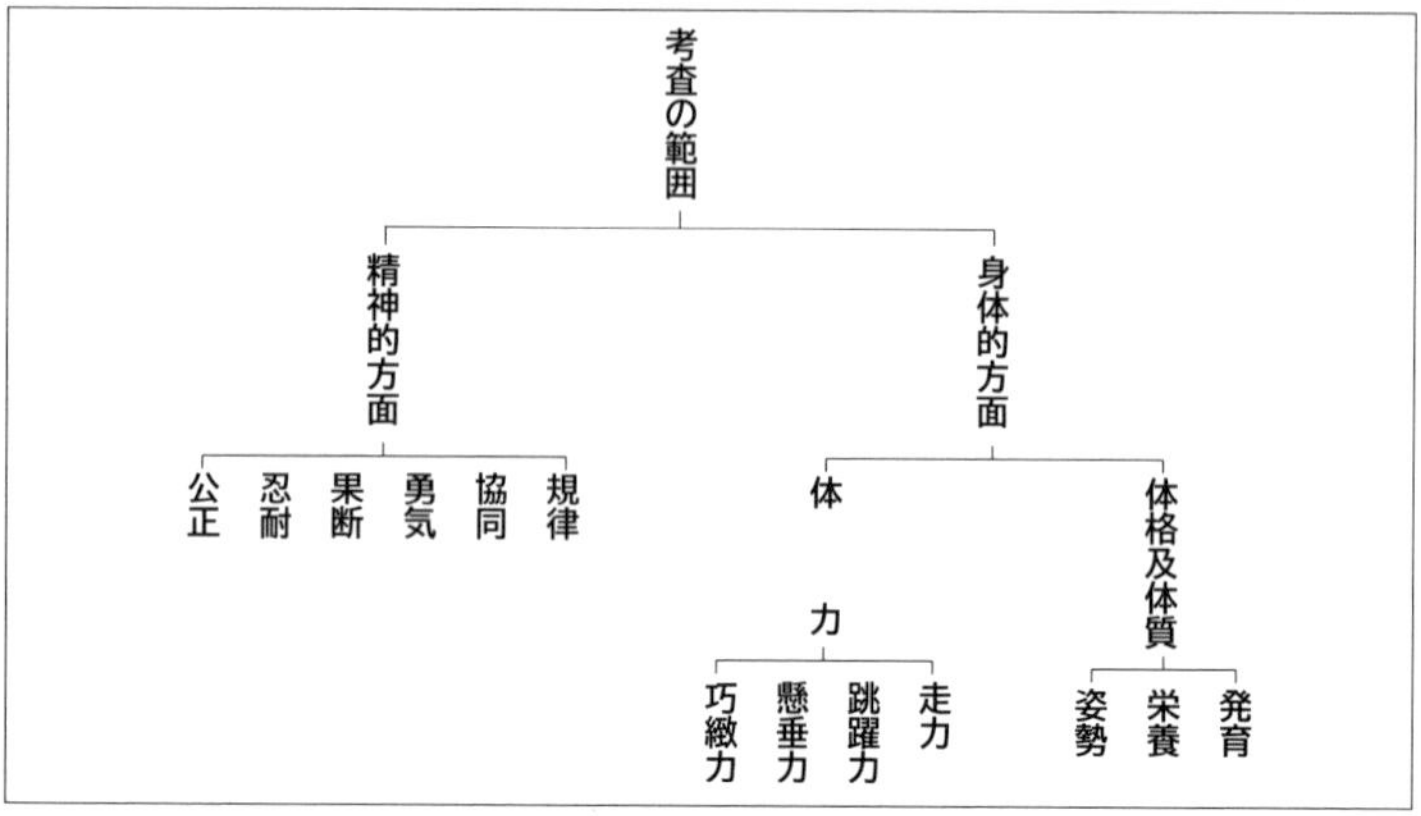

図　成績考査の範囲[11]

である。こうした考え方は一九三九年の『体操の研究授業』でも、「国民の必要とする巧緻力は力の上に立った巧緻力である。強大なる体力を背景にした巧緻力である。そこで単に技術を練ることは無意味なのである」[14]と述べている。「単に技術を練ることは無意味」とし、「強大なる体力を背景にした巧緻力」を要求していることから、力あるいは体力を第一とし、「巧緻力」を二義的と捉えていたといえる。

以上のように、齋藤は、体操科の目的を身体、精神の二側面から捉えたうえで、「運動技術」を身体的成果の一要素である「巧緻力」として位置づけていた。しかし、身体的方面の中で「懸垂力」、「跳躍力」等の力や健康を重視する一方、「巧緻力」は二義的な位置づけにとどまっていた。

第二項　「技術の末に走る」という批判に対する見解

続いて、齋藤が先述した体育観に基づき「技術の末に走る」という批判にどのような見解を示していたのかを明らかにする。本研究の史料において、齋藤が「技術の末に走る」という批判に直接的に言及しているのは一九三一年の『新原理に立脚せる小学校体育の実際』が最初である。齋藤は、倒立及転廻運動の指導に言及している箇所で以下のように述べている。

とにかく要目の中に倒立及転廻の存することは甚だ愉快である。しかし此の運動の取扱い方が、従来の技術至上主義に堕すならば、折角の寶玉も光を失うであろう。即ち倒立及転廻の指導は、あくまでも其の本来の意義を発揮して、喜びの体操たらしめねばならぬ。徒らに技術の末に拘泥して、児童の自然性を拘束してはならないと思う。つまり形式を兎や角やとやかましく要求する前に、愉快に廻転せしめることを第一義とする運動である。[15]

この言及から、「形式を兎や角やとやかましく要求」すること、すなわち過度に形式を要求することを「技術の末に拘泥」していると批判していたことがわかる。その後、齋藤は、一九三四年の『最近体育諸問題の解決』では要目上の文言を引用しつつ「技術の末に走る」という批判に言及している。

要目の教授上の注意第一項「体操科の教授は常に其の目的に副わんことを期し徒に技術の末に走るか如きことなく云々」を活かすことである。従来の応用体操のやり方は兎角技術の末に走っていた。即ち形を正しくすること、外観的に美的なフォームをとることを、概して学年の如何に拘らず、児童に要求するという風があった。しかし之は児童の本性に適合したやり方とは言い難い。[16]

この批判は「応用体操」に向けられていることがわかる。齋藤が述べる「応用体操」とは、「鉄棒・攀登棒による懸垂運動・跳箱・バックによる跳躍運動・平均台の通過・倒立及転廻等[17]」であり、器械体操と同義である。つまり齋藤は、器械体操において学年を考慮することなく「形を正しくすること」や「美的なフォーム」を要求することを「技術の末に走る」と批判していたのである。先述した『新原理に立脚せる小学校体育の実際』における批判も含め、「運動技術」指導に関する齋藤の批判は器械体操に向けられており、徒手体操や遊戯・競技に関する言及はみられない。そこで以下では、器械体操に焦点を当て、形式を要求することがいかなる点で問題であったのか、そしてどのように指導すべきと考えていたのかを分析していく。

一、「自然的方法」に基づく要求

齋藤は、『最近体育諸問題の解決』で、先述した批判に続けて、美的なフォームを要求することについて以下のように述べている。

> 児童は美的なフォーム、巧みなる技術を要求する以前に先ず力を欲するものである。例えば跳箱を跳ぶに当っては、取り敢えず出来るだけ高い跳箱を跳ぶことに満足を感じ、或は出来るだけ遠く跳ぶことに興味を感ずるものである。そこで我々は取り敢えずこうした児童心理に立脚する方法をもって、子供にのぞまなければならない。(18)

齋藤は、児童の心理に注目し、児童は「運動技術」よりもまず力を欲すると考えていたことがわかる。そして、こうした心理的な観点から「美的なフォーム」や「巧みなる技術」を要求することを批判し、跳箱を跳ぶ際には高く跳ぶ、遠く跳ぶことを要求すべきと考えていたのである。つまり、「運動技術」よりも児童が要求している力の養成に主眼を置くことを提唱していたといえる。

このような考え方は、一九三三(昭和八)年の『体育の新組織小学校の新体操』で詳細に記されている。齋藤は、「応用体操のやり方には、自然的方法と、技術的方法とがある」のように、「応用体操」の方法を二つに分類したうえで、以下のように述べている。

古いやり方では、一足跳びに技術的方法を要求した。即ち立派なフォーム、美的な方法を直ちに児童に要求したのである。然し児童はフォームの美しさとか、技巧の巧さを要求する前に、力を欲するものである。（中略）故に応用体操の新しいやり方は、各種の体操器械を障碍物と見立て、これを征服するという意味に於ける自然的方法（応用体操の本質的意味）を以って児童に望まなければならない。形式的な技術主義、或いはフォーム主義とも言わるべき方法をもって児童に当る事は、児童の心理を無視したやり方であると言わなければならない[19]。

「運動技術」よりも力を欲するという児童の心理に基づき、フォームの美しさを要求する「技術的方法」を批判していたことが明確である。そのうえで、齋藤は、器械を障碍物と見立て征服するという「自然的方法」によって指導すべきと述べている。つまり、先述した、跳箱を出来るだけ高く、あるいは遠く跳ぶという考え方は「自然的方法」の一例といえる。

では、器械を障碍物とみなす「自然的方法」は具体的にどのような方法であるのか。齋藤は、「遠く跳び、高く跳び越し、高い所から跳び降り、高い所に攀じ登り、高い所を通過し、広い空間を跳び越すといった様な[20]」方法と説明している。跳躍運動については先述したが、懸垂運動であればできるだけ高い所に上り、平均運動ではできるだけ高い所を通過する方法ということがわかる。また、一九三二年の「小学校体育教材の選択について」では、「自然的方法」における「運動の進度はスピード、高さ、幅等の増加によってなされるので、技術の巧拙によってなされるのではない[21]」のように、高さや幅に加え、スピードを高める方法も記されている。つまり、できるだけ速く平均台を通過したり転廻運動において素早く回転したりする方法も「自然的方法」の一種と解釈できる。これらの言及から、「自然的方法」とは、形や美しさといった「運動技術」の進歩を要求するのではなく、器械を障碍物とみなし、形はどうであれ征服すること、あるいは速さや高さ、幅の進歩を要求する方法といえる。齋藤は、器械体操において、形や美しさといった「運動技術」を要求するのではなく、速さや高さ、幅の進歩に主眼をおくことを提唱していたのである。

ところで、「自然的方法」が主眼を置いている力の養成とは、齋藤が体操科において第一義と重視していた要素であった。ここまで齋藤は児童の心理という観点から「自然的方法」の意義を論じていたが、『体操の研究授業』では力の養成という観点からも「運動技術」を要求することを批判している。その内容は以下である。

　国民の必要とする巧緻力は力の上に立った巧緻力である。強大なる体力を背景にした巧緻力である。そこで単に技術を練ることは無意味なのである。跳箱を跳ぶに、先ず高く跳び、先ず遠く跳ぶ力と共に、跳ぶ技術が発達しなければならない。障碍物征服の意味で、跳力の養成を目指すところの自然的器械体操は其の為に重要なのである。小学校時代から技術を矢かましく言ってはならないというのは其の意味からである。[22]

ここでは「単に技術を練ること」を批判し、まず「跳力」を養成することが重要と指摘している。つまり、体操科において重要な力を養成するために「自然的方法」を適用すべきと提唱していたのである。特に「小学校時代から技術を矢かましく言ってはならないというのは其の意味からである」という記述から、力の養成を第一義とするという考え方に基づいて「技術の末に走る」指導を批判していたことが明確である。すなわち、齋藤は器械体操における「自然的方法」を、児童の心理にも体操科の目的にも適合した方法と考えていたのである。

ただし、齋藤はこのように「自然的方法」を評価しながらも、『体育の新組織小学校の新体操』で以下のように限界を指摘している。

単に高く跳ぶ、遠く跳ぶ、高い所を渡ると言った様な自然的方法は、或る年齢に達すれば、物足りなさを感じて来る。大体吾人の経験を以ってすれば、尋常五年あたりから、特に成績優秀な児童に、そうした傾向を認める事が出来る。中学二・三年頃に至れば、益々此の傾向がハッキリして来て、次第に美しく立派に、上手にと言った様な所謂技術的方法を要求する様になる。此の時代に到れば最早自然的方法のみでは充分ではなく、これに加うるに、次第に技術的方法を加味しなければならない。(23)

齋藤は、高さや幅の進歩のみでは児童・生徒が次第に物足りなさを感じると考え、「美しく立派に、上手に」といった「技術的方法」を尋常科五年生頃からは加味すべきと考えていたのである。齋藤は、『最近体育諸問題の解決』でも同様に、「或る年齢に達すれば単に力の発揮だけでは物足りなさを感じ、次第に技巧的興味を感ずるものである。故に此の時代(大体尋常五年あたりからそうした傾向を認めることが出来る)に到れば、次第に技巧的方法を加味していかなければならない(24)」と述べており、やはり尋常科五年生を目安として「技巧的方法」いいかえれば美しさや巧みさを要求すべきと考えていたことがわかる。

つまり、齋藤が「技術の末に走る」と批判していた、学年を問わず「運動技術」を要求する指導とは、「運動技術」よりも力を欲する四年生以下の児童に「運動技術」を要求することであったと解釈できる。こうした考え方は一九三一年の『新原理に立脚せる小学校体育の実際(25)』で記されて以降、一九三九年の『体操の研究授業(26)』まで著書や雑誌論文で繰り返されており、一九三〇年代を通して一貫していた。

二、練習回数の重視

齋藤は「日本体育の新建設に就いて」で、「運動技術」指導の問題について、「従来の体育指導は運動技術を教えることが主で、児童の心身を作ることを忘れた傾がある」と述べている。そして、跳躍運動を例に「運動が技術的に立派であることに専念し、跳ぶ運動の本質的方面たる跳躍力を強めること果断剛毅の精神を養うといったような方面を忘れていたように思う」のように、立派な「運動技術」を追求することが「跳躍力」や「果断剛毅の精神」の養成を妨げていると批判している。立派な「運動技術」を第一義とすることを批判し、「跳躍力」の養成に主眼を置くという主張は先述の内容と共通しているが、ここでは以下のように続けている。

跳躍力の養成は、何回も何回も跳ぶことによって、養われるものであって、技術的に立派に跳び得るものが、必ずしも跳躍力に於て優れているとは限らない。（中略）技術が立派になるということは、何回も何回も練習した結果であって、跳躍運動直接の目的ではない。技術が立派に行われるまで、汗を流す経過に意義があるのである。然るに従来の指導は、技術の上達という事を第一目標として行われていた。之は明らかに本末転倒である。[27]

齋藤は、「跳躍力」を養成するためには「何回も何回も跳ぶ」必要があると考えていたことがわかる。そのうえで、「技術の上達」を第一目標とすることが「跳躍力」の養成を妨げると批判している。つまり、「跳躍力」の養成に主眼を置く点では先述の批判と共通しているが、ここでは練習回数について批判しているのである。なぜ「運動技術」を第一義とすることが練習回数を減少させるのか。齋藤は、『新原理に立脚せる小学校体育の実際』で以下のように述べている。

単に一回の廻転について、手の突き方がどうの、頭をつけてはいけないの、背を円くしろの、脚を曲げろなどなどと、所謂技術主義の小やかましい指導法を以て、徹底的方法の如く思惟している向も決して少くないのであるが、これでは本運動の真精神はあらわし得ないのである。

其の他跳箱使用の転廻運動についても、とかく我が国の指導者は、理屈を言い過ぎて、無駄に時間を費やす癖がある。[28]

齋藤は、手の突き方などの形式を細かく指導する「技術主義」に対し、「無駄に時間を費やす」と批判している。つまり、「運動技術」を細かく要求することで指導に時間が費やされるために、練習回数が減少すると考えていたのである。こうした指摘は、『体操の研究授業』でも「一回跳ばせては文句を言い、二回跳ばせては批評をし、三回か四回跳ばせておしまいにするというのでは駄目である」、「逆上のやり方などでも、握りがどうの、踏切りがどうの、姿勢がどうのと文句ばかり言っていないで、十回も二十回も続けて行うようにするのである」[29]と記されている。ここでは「運動技術」という語は用いていないが、「握り」や「踏切り」、「姿勢」などの批評に時間をかけることを批判し、何回も繰り返し練習すべきと提唱していることがわかる。

以上のように、齋藤は、自身が重視していた力の養成という観点から、「運動技術」を第一義として説明や批評に時間をかけることを批判し、繰り返し練習することを提唱していた。

第三項　体操科実践における「運動技術」指導

先述のように、齋藤は、器械体操において正しい形や美しいフォームといった「運動技術」を要求することを「技術の末に走る」と批判したうえで、第一に、器械を障碍物とみなし、速さや高さ、幅の進歩に主眼を置く「自然的方法」を適用すること、第二に、回数を重視して繰り返し練習することを主張していた。一方、尋常科五年生以降の児童には正しい形や美しさといった「運動技術」を要求すべきと提唱していた。つまり、実践を分析する際、四年生以下については、「自然的方法」が適用されているか、練習回数を考慮しているのかに注目し、五年生以上においては、これらの点を考慮したうえでいかに「運動技術」を指導していたのかに注意する必要がある。したがって、以下では、尋常科三、四年生と五、六年生に分けて実践を分析し、齋藤が問題としていた器械体操をどのように指導していたのかを明らかにする。

一、尋常科三、四年生の実践

（一）一九三五年一一月六日、四年生男女の実践

ここでは、『体育と競技』に掲載された授業参観記を手がかりに、四年生男女の実践を分析する。授業参観記には、齋藤や児童の発話が授業の様子とともに記されている。加えて、参観者の感想も記されており、好個の史料といえる。

まず、倒立及転廻運動における「倒立」の指導において以下のやりとりがみられる。


「丁さんは、だめか、後脚の振挙げ方が足りないんだ」

「ヨーシ、直レ」『それでは男と交代」

「さあ、この前よりは大部立てる様になったナ」

「直レ、もう一度交代して見よう」四回交代二列に整頓、

「女子の方は、今日は何人出来たかネ」一同手を挙げた。

「ヨーシ、十人か、此の前は九人だったね、それでは出来るものだけやって見よう[30]」


この記述から、「倒立」においてはできる、できないという点に指導の主眼が置かれていることがわかる。一方、正しい形、美しさといった「運動技術」に関する要求はみられない。「後脚の振挙げ方」について指導しているが、あくまでもできるようになるための指導であり、形や美しさを要求したものではないと考えられる。すなわち、形はどうであれ立つことを要求する指導であったといえる。

続いて、跳躍運動の「跳越」の指導においては、「『次は二人腰掛』という先生の合図に、今まで一人だったところが二名になった。幅が広くなったのである[31]」のように、跳越す幅が一人分から二人分へと次第に広くなっている。一方、正しい形や美しさに対する要求はみられない。すなわち、形ではなく幅の進歩を要求するという「自然的方法」が適用されている。これは、参観者が記した以下の感想にもあらわれている。

主運動はこの応用体操に於て目的が完全に達せられるのである。四年生頃までは応用体操に於ける、技術的方法、即ち立派なるフォームを直接求むる方法に依る以前に、与えられた障碍物を征服するよろこびを児童に感ぜしめる自然的方法に、依るべき事が、本時間に於て教えられている。[32]

この記述からも、器械を障碍物とみなし、征服すること、すなわち自由な形で跳び越すことや幅の進歩が目指されていたといえる。つまり、齋藤が「技術の末に走る」と批判していた、正しい形や美しさの追求は行われていなかったと考えられる。

(二) 一九三六年七月、四年生の実践

続いて、一九三六年七月、四年生の授業参観記を手がかりに実践の分析を進める。まず、低鉄棒を用いた懸垂運動では、補助教材として行っている「前廻下」の指導で、「手は、逆手をやめて出来るだけ四本の指を鉄棒の上から、親指は下からまわして握る」、「手は肩幅」のように形式を要求している。しかし、その後は、「出来た者は鉄棒の前所定の位置に早く整頓した方が勝ちである」[33]のように競争を取り入れた練習が行われている。つまり、形式的な要求をしながらも主眼は鉄棒を素早く回って下りることにあり、「自然的方法」が適用されていたと考えられる。

また、主教材の「屈膝逆上」についても、以下のように参観者の感想が述べられている。

低鉄棒なるが故に当然屈膝とならざるを得ない。また臂の力の弱い子供に適応させる為に。即ち臂の足ら

ざる力を脚力の利用によって補うことが出来て、子供は容易に自己の能力で障碍や、あたえられたる条件を征服出来るからよろこびを得ることが出来る。[34]

この言及から、鉄棒という器械の征服に主眼が置かれていたことがわかる。また、そのことに児童が喜びを感じていたと推測される。

その後行われた跳躍運動の「三回跳」でも、以下のように指導の様子が記されている。

自由に行い得る様に、指導者の号令がかけられる。
「さあ三回跳をやろう。両脚で三回前方に跳ぶ。兎の様に跳ぶんだね」
児童は結果に於て何回も跳ぶんだけれども、三回跳ぶことを一つの作業として、盛んに前方に跳ぶ。運動衝動の満足と共に、自己の能力が距離の上に表われるよろこびは隠すことが出来ない。[35]

「三回跳」の「運動技術」については、「兎の様に」と述べる程度であり、細かな要求はしていない。また、何回も繰り返し練習していたこと、「距離」すなわち幅の進歩に主眼が置かれていたこと、その進歩に児童が喜びを感じていたことがわかる。力の養成を第一義とし、幅の進歩や練習回数を重視するという齋藤の考え方が反映されている。

以上のように、この実践でも、「自然的方法」の適用とともに練習回数を重視していたと考えられる。

(三) 一九三九年一〇月一三日、三年生男子の実践

続いて、『体育と競技』に掲載された「中学年授業の実際」を手がかりに、一九三九年一〇月、三年生男子の実践を分析する。この史料は、授業参観記とは異なり齋藤自身が著したものである。実践に対する齋藤の意図が記されているため、齋藤が自身の考えをいかに実践に反映させていたのかを知るうえで重要な手がかりといえる。

まず、齋藤は、倒立及転廻運動における「前転」の指導について以下のように述べている。

此の組は前転の練習を、もう大分やっている。そこで兎に角各自自由に行わせて見る。一人宛三回位やったところで中止させ、次の注意を与える。即ち「転廻の終りに膝を屈げて脚を充分に体に引きつけること、そうすると独りでに立てるだろう」と言って、二回程示範、次に其の悪い方もやって見せる。「さあ今言ったところに注意して練習」盛んに練習が始まる。其の間に二人程要領にかなった者を取り出して、皆の前で賞めてやる。全員大いに活気づき又々練習を続ける。(36)

「前転」については「膝を屈げて脚を充分に体に引きつけること」を指導しているが、立つための指導、すなわちできるようになるための指導といえる。また、その後は「今度は競争でやろう。一回ずつ前転して速く整列の出来た組が勝ち、用意ドン(37)」のように「前転」を使った競争を行っている。競争はフォームではなくできるだけ素早く、遠くへ回ることが要求されるため、速さや幅の進歩を要求する「自然的方法」と解釈できる。

その後行った跳躍運動の「跳越」においても、齋藤は以下のように指導している。

最初は単なる踏越を自由に練習させる。次に一段ずつ高くし踏切足の注意を与えて練習。即ち跳箱の高さ程離れた所に第二の踏切足が来るように、更に大きく一歩手前に第一踏切足が触れるように印をつけ、之を踏んで行うことを命ずる。之によって踏越がかなり自由に、大きく、力強く出来たことは言う迄もない。之は踏越というよりもむしろ跳上下に近い運動となった。次に「足をつけないでも跳越せる者は跳越してもよろしい」と言って、いよいよ跳越に移る。非力な者数名は出来なかったが、其の他は殆んど出来たようである。[38]

はじめは「踏越」を自由に行い、その後跳箱の高さを進歩させ、「大きく、力強く」跳ぶことができるように指導している。一方、「踏越というよりもむしろ跳上下に近い運動となった」と述べているように、児童の行っている運動は「踏越」と「跳上下」のどちらともとれる形式であり、教材の正しい形や美しさを要求していたわけではないと考えられる。その後、齋藤は「跳越」へと発展させているが、ここでもできる、できないが主眼であり、形式的な要求はみられない。さらに齋藤は、「頃合を見て跳越前転競争を行うことにした」のように最後に競争を取り入れている。これらの指導はすべて器械の征服に主眼を置き、高さや速さを要求する「自然的方法」といえる。

また、齋藤はこの実践について、「未だ五、六分時間が余っていたが、授業開始以来ここに至るまで、殆んど連続的の大活動であったし、第一時間目の事でもあったから、過労しないところで、一、二、三整理運動を実施し、授業を終ったのである」[39]と振り返っている。「連続的の大活動」という記述から各運動を繰返し練習していたことがわかる。以上のように、齋藤は三年生の児童に対し「自然的方法」を適用するとともに練習回数も考慮して指導していた。

二、尋常科五、六年生の実践

（一）一九三六年五月、五年生男子の実践

まず、授業参観記を手がかりに、一九三六年五月、五年生男子の実践を分析する。ここでは、倒立及転廻運動の「倒立」の指導が以下のように記されている。


「ヤアH君出来たじゃないか、まだ臂が弱いんだい。」

交代
「君のは蹴る力が弱いんだ、ようし、大部立てる様になったね。」

「出来ない人は立っておれ。」「さあ練習……」

「やあ、二人出来たね、其れも出来る様になったナ、此の次の時間までには皆出来る様にしよう。[40]」


ここでの指導はできる、できないが主眼となっており、先述した四年生における「倒立」指導との明確な違いはみられない。したがって、必ずしも五年生において正しい形や美しさを要求していたわけではないと考えられる。しかし、その後行われた懸垂運動の「逆上」の指導では、「鉄棒の握り方が見て居ると色々あるが、今日は上から握って、拇指を下に廻して握る方にしよう。そしてこう蹴って上る。懸ったら体も脚も真っ直ぐに保つ、廻って下りる[41]」のように、握り方や姿勢に対する要求をしている。また、その後の練習中に以下のやりとりがみられる。

「今やって初めて出来た人はありますか。」

「T君出来たんです。」一人が答えた。

「では今度脚を伸してやって見給え」

条件が高められた。

「脚を伸すのはむずかしいや」

「太って居るから出来ないんだい。」

「T君は出来そうなんだがナ…」(42)


この記述からも、単に上るのみではなく「脚を伸す」という形を要求していることがわかる。以上のことから、齋藤は、五年生に対して、器械の征服にとどまらず正しい形や美しさ、すなわち「運動技術」を要求していたといえる。ただし、「T君」に対し、上れるようになったことを確認した後に脚を伸ばすことを要求しており、あくまでも鉄棒の征服という「自然的方法」を第一義としたうえで「運動技術」を要求していたと解釈できる。

(二) 一九三六年六月、五、六年生の実践

続いて、『体育と競技』に記された五、六年生の実践を分析していく。まず、「逆上りのための準備的運動」として行われた懸垂運動の「前下」の指導が以下のように記されている。

「何日もの様に、跳びついて、前下り、廻って下りたら向こう側に集合。出来ない人は低い方を使用して

もよろしい。前列より始め」

低鉄棒使用だ。跳びついて臂立懸垂になったかと思うと、前方に廻って下りる。握りを持ち換えるものもあり、そのままの握で行うものあり、順次に、交代して行う。(43)

齋藤の言葉から、高さの異なる鉄棒が用意され、できない児童は低い方、できる児童は高い方で行っていたことがわかる。また、児童によって握り方が異なっており、ここでは形式的な要求をしていなかったと考えられる。

次に、主教材である「逆上」では、指導の様子が以下のように記されている。

「じゃ前列だけやって見よう、出来ない者はこちらへ残る」

走って行ったと思うと、くるりと逆上りして向うに行く者、高い鉄棒でだめで低い方へ行くもの不成功のもの、辛うじて、向うに行き得るもの、ついに四五名残った。(44)

ここではできる、できないが主眼となっている。また、できるだけ高い鉄棒へ上るように指導していたことがわかる。

しかし、参観者は、鉄棒の握り方について、「逆上りでも、正常に鉄棒を握るもの、逆手に握るもの、途中で持ちかえるもの色々ある。逆手が初歩で、堪能になるに従って正常なる持ち方となる」と記しており、単に上るのみではなく、次第に正しい握り方で上ることができるように指導していたと考えられる。また、終盤には以下の指導がなされていた。

「次に出来る者だけ、今日の模範となる様に、やってもらおう、」

「逆より　始め」「よし、臂立懸垂になったら動かない。二番目はよろしい、」(45)

できる児童に対して出来栄えを評価しており、形式的な要求もしていたことがわかる。つまり、上ることを第一の目標としながらも次第に「運動技術」を要求していたと考えられる。

(三) 一九三六年九月、五年生の実践

続いて、授業参観記を手がかりに一九三六年九月の実践を分析する。ここでは懸垂運動の「懸垂廻転」、「前廻下」、「前下」、「脚懸振上―前下」が扱われている。その中の「前下」の指導が以下のように記されている。

「一度先生が模範を示すからよく観察して居なさいよ、」と先生が簡単に模範を示す。

「それでは兎に角越えて、前に下りたものはこちらへ来る―始め」前列から練習を開始した。

一通り終ると、

「出来た人はどの位あるかな」半分程手を上げた。

「半分以上出来たね。偉いな。ところが一つ間違って居るところがある。今度は其処をよく見て見よう。」

先生は手を逆手に持ちかえるところをもう一度示範。(46)

ここでは、まず齋藤が示範し、その後児童に一度ずつ練習させている。続いて、「手を逆手に持ちかえる」と

いう鉄棒の握り方を指導している。その際、「出来た」と答えた児童に対して、間違いを指摘し、正しい握り方を指導しており、鉄棒を越えるという器械の征服にとどまらず、正しい形を要求していることが明確である。つまり、五年生以上には「運動技術」を要求するという考え方が反映されていたといえる。

以上のように、五年生以上の実践を分析した結果、齋藤は児童・生徒に対して次第に「運動技術」を要求するようになっており、四年生以下の実践との差異が見いだされた。

第二節　中島海の体操科実践における「運動技術」指導

中島海は、一九一五年静岡県豆湯中学校を卒業後、東京高師体育科に入学。一九一九年同校を卒業し、静岡県師範学校教諭、埼玉県師範学校教諭兼同県体育主事を経て、一九二三年に東京高師助教授兼附属小学校訓導となる。一九三六年七月から一九三七年二月の間、文部省に命ぜられ欧米に出張している。また、一九四〇年には文部省の推薦で日本体育専門学校の教授に就任している[47]。

中島については、大谷が、「爾来二十年の長い間、燃ゆるような児童愛の精神と綿密周到な指導計画を通して素晴らしい成果をあげ、わが国の学校体育界に輝かしい数々の業績を遺された」、「各地の研究会、講習会に出席され文字通り東奔西走、体育の指導に挺身されたほか、多くの雑誌、著書を通してわが国体育の普及発展に多大の貢献をなされました[48]」のように、中島の実践や著作、講習会が体育界に与えた影響を評価している。中島自身も著作の中で、「自分で書いたとは云うものの津崎（津崎亥久夫―引用者）、二宮、大谷の諸先生の御指導が私をしてこれをものさせたのである（原文ママ）[49]」、「本書が特に大谷武一先生始め先輩同僚諸氏の指導を陰に陽に賜って居ることを述べ、深甚の謝意を表する次第である[50]」のように、大谷や二宮の指導に影響を受けていたことに言及している。また、「斯道の大家先輩の述べらるる処と何等杆格（原文ママ）することのないことを信ずる。寧ろ吾人の立場はそれ等を忠実に視述し小学校体操科の実際をこれに適合せしめんとしたに過ぎない[51]」のように、大谷らの理論を実践に反映させることを意図していたという。

つまり中島は、大谷や二宮の理論を把握したうえで実践を展開し、著作等を通じて全国の訓導に普及する役割を担っていた。そして、その活動は大谷自身から高く評価されていたのである。中島の理論や実践についてはこれまで明らかにされていないが、当時の代表的な訓導である中島の実践を理論とともに明らかにすることは、学校現場に潜んでいた問題に訓導がどのように取り組んでいたのかを解明することにつながるため、重要な意味をもつ。

第一項　中島海の体育観

まず、「技術の末に走る」という批判に対する中島の見解を明らかにするための前提として、彼が体操科において何を重視し、そこに「運動技術」をどう関係づけていたのかを明らかにする。中島は、一九二七年の「体操教授の将来と研究の方面」で、体操科で重視すべき点を以下のように述べている。

体操科は単なる技能科ではない（中略）無論運動に習熟させると云うことも指導の一部であるには違いな

い。併しそれが総てではない。運動を通して整った形態をつくり、運動を通して生理機能を向上させると云う大なる目的を忘れてはならぬ。更に運動を通して道徳的陶冶を行うと云う重要な点を忘れてはならぬ。[52]

中島は、体操科を「単なる技能科ではない」と捉え、「運動に習熟させる」こと、つまり「運動技術」指導を「指導の一部」と認めながらも、それのみにとどまってはならないと述べている。そのうえで、「整った形態」をつくることや「生理機能」の向上、「道徳的陶冶」といった身体及び精神の陶冶に寄与しなければならないと考えていたのである。また、これらを「大なる目的」、「重要な点」と述べているところに、中島がいかに身体や精神の陶冶を重視していたのかということがあらわれている。

このような中島の体育観が最も明確にあらわれているのが、一九三九年の「採点法に就いて」に記された成績考査に関する以下の言及である。

第一に考慮さるべきは学習の態度である。少くとも体操科が単なる技能科でなく、人格向上を期する以上この点は主視さるべきである。天賦の資質に願って何等努力することのない者よりも、天才でなくとも努力するものを認めないわけにはゆかない。吾等はこの意味に於て体操科の成績中この点に五十％(原文ママ)の価値を置くものである、而してこれを次の上中下の三段階に分つ。上は学習態度の積極的なるもの、中は積極性はなくとも真面目なるもの、下は消極的なるか又は真面目ならざるものである。[53]

この言及から、中島が、体操科を「運動技術」のみではなく人格向上を目指す教科と捉えていたことがわかる。

そして、このような体育観に基づき、「第一に考慮さるべき」、「主視さるべき」ものとして学習態度をあげ、成績考査の半分は「積極性」や「真面目」であるか否かによって採点すべきと考えていた。先述のように、中島は身体及び精神の陶冶を重要な点と述べていたが、中でも学習態度という精神的側面を重視していたことがわかる。

では、残り半分は何であり、「運動技術」をどう位置づけていたのか。中島は、「身体的条件に関するものを総括して全採点の五〇％の価値を置く」とし、身体的条件として「体格・体質・体力・巧緻性[54]」をあげている。すなわち、学習態度と、身体的条件を総括したものにそれぞれ五〇％の価値を置いていたのである。この中の巧緻性について中島は「身体支配力・動作の正確度等に就きてこれを見る[55]」と述べており、「運動技術」の巧拙は身体的条件の一つである巧緻性を評価する規準であったことがわかる。巧緻性が身体的条件の中でどの程度の比重を占めていたのかは不明であるが、少なくとも全体の五〇％未満であったことは明らかであり、学習態度ほどの比重は与えられていなかったといえる。つまり、中島は「運動技術」を成績考査に関係づけてはいたものの、その中心をなすとは捉えていなかったのである。

以上のように、中島は、体操科を単なる技能科ではなく身体や精神、人格の陶冶を目指す教科と捉え、特に人格陶冶という観点から学習態度を重視していた。一方、「運動技術」については、身体的条件の一つである巧緻性と関係づけるにとどまっていた。

第二項　「技術の末に走る」という批判に対する見解

先述のような体育観をもっていた中島は、「技術の末に走る」という批判に対しどのような見解を示していたのか。「技術の末に走る」という批判は、「運動技術」のみを追求し、身体や精神、人格の陶冶に寄与していないことへ向けられていた。中島が著作の中で「技術の末に走る」という文言を用いているのは一九二六年の「新制学校体操教授要目に就いて」のみであり、内容についても、「教授上の注意としては、第一に体操科教授の目的に副うべく、徒らに技術の末に走ることを戒めて居り(56)」のように要目の文言を紹介しているに過ぎない。しかしながら、「運動技術」のみを追求することについては、一九二七年の「体操教授の将来と研究の方面」で、「体操科は単なる技能科ではない(中略)運動を通して整った形態をつくり、運動を通して生理機能を向上させると云う大なる目的を忘れてはならぬ(57)」と戒めており、一九三八年の「時局と体操科（高学年）の実際」でも、「体操科の実際教授に於て、運動技能の習熟のみに重きが置かれ、時としてはその指導方法を過ることによって児童の品性を低劣なられる（原文ママ）ことさえある(58)」のように、「運動技術」のみを追求する誤った指導法により「児童の品性」が「低劣」になっていると批判している。これらの言及から、中島がおよそ一〇年間にわたり「技術の末に走る」指導を批判していたことが確認できる。

以下では、中島が、当時の「技術の末に走る」指導に対して何を問題にし、どのようにその問題を克服しようとしていたのかを明らかにする。

一、学年の考慮

中島は一九二七年の「体操科指導法の一般的方面」で、「指導を行う際に個々運動の指導に就いてそれぞれ注意すべき諸点がある。此処には唯指導法の一般的方面に関して述べて見る(59)」のように指導法に言及している。その中で「成功を急ぎてはならない」と題し、以下のように「運動技術」指導の問題を指摘している。

真の公開教授、研究教授に於ては児童の技術が未だしき部分がそのままに現れるであろう。不幸にして吾人が見た研究教授なり公開教授なるものは余りに児童の運動技術が整い過ぎて居ることが多かった。児童が運動に熟達することは望ましい事柄ではあるが、そこに至るまでに何物かの犠牲を想像せられる。(60)

中島が、成功を急ぐあまり「児童の運動技術が整い過ぎて居ること」を批判していたことがわかる。また、中島はここで「公開教授」に言及しているが、成功を急ぐことについて「随分陥いり易い点である(61)」と述べており、急いで「運動技術」に習熟させようとする指導は「公開教授」に顕著にみられるものの、通常の授業でも少なからず行われていたと考えられる。このような指導が何を犠牲にしているのかということには言及していないが、中島は、真の授業においては児童の「運動技術」に未完成の部分が存在すると考え、急いで習熟させることを批判していたのである。

では、このことがいかなる点で問題と考えていたのか。中島は、一九三五年の「体育の学年的発展　体操科指導に於ける発展的取扱――（高学年　尋常科四・五・六学年の部）――」で、以下のように言及している。

一つの運動の指導に於て、その理想的な形式なり方法はかくの如きものがあるとしても、それは所謂理想的なものであって、幼学年児童からこれを強うることは、その能力に対して無理であると云うことは少くない。そうした場合にあっても、学年の如何を問わず、その運動の要領は斯くあるべきものと云うことが脳裡に膠着しているかの如く、その理想的な形式に適合させようとして只管努力されて居る指導を見ることは少くない。(62)

中島のいう、理想的な形式や方法を幼学年児童に強いる指導はより早く「運動技術」に習熟させようとしている点で先述の批判と共通しているが、ここではさらに「学年の如何を問わず」のように、学年を考慮せずに習熟を急ぐことを問題にしている。また、中島はその理由を、「非常な努力によってその要領は得させることは出来ても、一時間の指導として出来得る限り運動を全身に及ぼそうとする体操科の原則的なことを無視しなければならないこととなったり、全時間を通じて相当な運動量をとらしめようとする必要事を忘れることとなる」[63]と述べている。運動の偏りや減少は、中島が成績考査の身体的条件としてあげていた「体格・体質・体力」の陶冶を妨げるといえる。つまり中島は、児童の学年を考慮しない「運動技術」指導が身体陶冶に悪影響を与えると考えていたのである。

そのため、中島は、一九二八（昭和三）年の「下肢運動の教材研究」[64]や一九三五年の「尋四尋五懸垂運動指導の順序」[65]、「体育の学年的発展　体操科指導に於ける発展的取扱――（高学年尋常科四・五・六学年の部）――」[66]等で、様々な教材について、学年に応じて段階的に指導する方法を示している。ここですべての教材を取り上げることはできないが、例えば「両側懸垂脚側開」について以下のように学年ごとの要求水準を示している。

四年の程度としては、両側懸垂それ自体をも厳密な意味に於ける正しい姿勢に懸らせることは期待し難いのであるから、本運動に於ても単なる両側懸垂に変化をつけて一歩を進めたと云う程度の取扱いでよい。随って姿勢の如きも余り正確さを要求しないがよい。

五年に進んだ場合は両側懸垂そのものの姿勢をも幾分注意させる程であるから、脚側開に就いても脚が前後しないで行うように注意を与えるがよい。

併し実際上は六年以上にならなければ厳密な意味に於ける正確さは要求されないであろう(67)。

四年生では「余り正確さを要求しない」とし、その後五年生で「脚が前後しないで行うように注意」させ、六年生以上において「厳密な意味に於ける正確さ」を要求すべきと述べている。このように、中島は学年を無視した「運動技術」指導を批判し、学年に応じた段階的な指導を提唱していたのである。ただし中島は、「何年生位から充分な要領を要求してよいかと云うことを確定的に云うわけにはゆかない。それは彼等の適応性の発達の程度に準ずることが必要であるからである(68)」と注意している。すなわち、学年に対する言及はあくまでも児童に無理をさせないための目安であり、実際には指導する児童の能力に応じて要求を変えることが必要と考えていたのである。

二、能力差への対応

学年に応じた段階的指導を提唱していた中島は、一九三六年の「体操科指導過程の再検討　体操科に於ける指導過程」では、学級内における児童の能力差という観点から「運動技術」指導の問題に言及している。

大体普通の公開授業なるものを見て多くの場合感ずることは、運動の技能については余りにも運動が上手過ぎることである。実際一学級の児童の中には非常に優秀な能力を有った者と、その反対に甚だ不器用な者と、その中間に位する者とが幾多の段階を有って混在して居るのが自然である。そうした事情に対して、若干の運動に不得手な児童を取上げて批評するとしたならば、それは思わざるの甚だしい者である。我々はそうした幾つかの運動能力の差のある者を、如何に等しい程度にまで熟練せしめるべきかを考えることそれ自身を妥当な教育的な方法とは考えていない。各自の有つ能力の限度に従い、出来得る丈けを伸ばしてやると云うことが着眼点でなければならない[69]。

中島は、児童に能力差があることを考慮せず、不器用な児童を優秀な児童と比較して批評したり、一律に習熟させたりする指導を「思わざるの甚だしい」、「妥当な教育的な方法」ではないと強く批判していたのである。また、中島はここでも「公開授業」に言及しているが、問題とする指導が「公開授業」に顕著にみられる理由について、「唯々良く見て欲しいと云う心持からなったものであり、一般批評者の位置に立つものが外形的な部分丈けの批評をして来たからである[70]」と述べている。第一章で明らかにしたように、やはり当時は児童・生徒の「運動技術」を唯一の評価規準と考える傾向が強く、そのことが問題の要因となっていたことがわかる。

さらに、中島は「体操科指導法の一般的方面」で、「無理やりに切揃えないようにしなければならぬ」と題して以下のようにこの問題に言及している。

特に巧緻的な諸運動に於いては巧拙の差が甚だしい。そうした場合未熟な児童に求める処と優秀な児童に求める処とは自ら差がなければならない。これは未熟なのを悲観せしめない為めにも優秀なものに油断させない為めにも必要なことである[71]。

先述のように、中島は学習態度を最も重視していた。この体育観に基づけば、児童が悲観する、あるいは油断することは重要な問題といえる。つまり中島は、自身が最も重視していた学習態度という観点から、児童の能力差を考慮せず一律に指導することを批判していたのである。

では、いかにして能力差に応じた指導を実現しようとしていたのか。中島は、一九二九年の『小学校に於ける体操科指導の革新』で、「懸垂(第二)運動」、「跳躍運動」、「倒立転廻運動」の指導について、「技能の巧拙によって班を別け指導を行うことがよい[72]」と述べている。すなわち、「技能の巧拙」を規準として班を分ける能力別指導によって能力差に応じた指導を実現しようとしていたと考えられる。中島は、一九三〇年の『小学校体育[73]』や一九三五年の「小学校に於ける体操科　下[74]」でもこの方法に言及しており、児童の能力差に応じるための指導法として繰り返し提唱していたことがわかる。

また、中島は、各教材に対する説明の中でも、児童の能力に応じた「運動技術」指導について具体的に述べている。例えば、六年生の指導について言及した一九二八年の「体操科」では、跳躍運動における「斜開脚跳」の指導法について、「最初の指導にあっては着陸前に体を起すことまでは求めないでもよい。習熟するに随ってこの点まで指導を進める[75]」のように、習熟していない児童に対する指導と、ある程度習熟した児童への指導法についてそれぞれ言及している。同様に、倒立及転廻運動の「背部支持臂立前方転廻」についても、「未熟なものは臂立の屈臂の加減が出来ない為めに、転廻した時に体の送出が足らなくて、体を起し得ない事がある。こうした場合には教授者は股を圧えてやって容易に体を起すことが出来るように幇助することが必要である」のように、未熟な児童に対する指導法に言及する一方、「習熟して来たものには応用として足前出直立から行わせると云う方法にまで進めてもよい[76]」のように、優れた児童に対してより高度な「運動技術」を指導する方法が示されている。

ただし中島は、能力差への対応を重視しながらも、「時間の許す範囲内に於て出来得る丈け個人的指導を行うことがよい[77]」のように時間的な限界を指摘している。一九三九年の「尋常科第六学年指導の例――（十月）――」でも能力別指導について詳述しているが、鉄棒の「臂立前方廻転」について、「既に方法を会得している者は、随時練習を続けさせ、未だ出来ない者を一括して個人的な指導を行う[78]」のように、できない児童に対してのみ個人的指導を行うと説明している。同様に、「蹴上」についても、「出来る者は復習に委せ、出来ない者に対しては最初蹴る時期に就いてのみ練習させ、次に蹴る方向の指導を加える[79]」のように、できない児童を指導する一方、できる児童は自習させると説明している。ここから、能力別指導において、全ての児童を同時に指導することは困難であり、対象とする児童以外は自習させなければならなかったことがわかる。

以上のように、中島は、児童の能力差を無視して一律に指導することを批判し、「運動技術」の巧拙によって班を分ける能力別指導を提唱していた。加えて、各教材について、理想的な形式を示すのみではなく、初心者に対する要求や習熟した者に対する要求を具体的に示していた。しかし、能力別指導については時間的な限界も指摘していた。この点は実践を分析するうえで重要であり、中島が「時間の許す範囲内」でいかに指導していたのか注目する必要がある。

第三項　体操科実践における「運動技術」指導

中島は、児童の学年を考慮せず「運動技術」指導を急ぐことや能力差を無視して一律に習熟させることを批判し、学年や能力差に応じた指導法を提唱していた。そのため、実践の分析に際し、中島が学年や能力の違いにいかに対応していたのかという点に注目する必要がある。しかし、本研究で用いた史料において、実践における「運動技術」指導の特徴が把握できるものは五、六年生のみであるため、低学年、中学年との比較は困難であり、学年の違いに関する分析は五、六年生にとどめざるを得ない。そこで以下では、主に中島が児童の能力差にどのように対応していたのかという観点から検討、考察する。

一、一九三三年一〇月一〇日、尋常科五、六年生男子の実践

はじめに、一九三三年の『教育研究』に掲載された、一九三三年一〇月一〇日、五、六年生男子の研究授業を分析する。研究授業の記録には、実践の様子に加え、他の訓導、教授からの質問、批評も記されており、中島の実践を分析するうえで好個の史料といえる。

まず、「始の運動」で行われた徒手体操における「臂上下伸（直立）」の指導について、中島は以下のようにふり返っている。

> 臂の幅を見る為めに縦隊方向を向けて行わせる。児童の態度が積極的だ。先ず最少限度の及第点はありそうだ。相良の左手が稍々前向きなのが気になる。併し彼自身には努力して居るのだ。切角（原文ママ）よい気持になって居るものを今注意しなくともよかろう。(80)

ここで中島は「態度が積極的」である点を評価しており、学習態度を第一とする考え方が反映されている。また、「左手がやや前向き」になっている児童についても、彼なりに努力していることを認め問題にはしていない。一律に習熟させるのではなく、児童の能力に応じて指導していることがわかる。

続いて、「中の運動」で行われた平均運動の「片脚屈膝片脚後挙体前倒」では、五年生を「地床」で、六年生は「腰掛上[81]」で行わせている。中島は、「指導上特に留意せる点」にも「若干の運動を学年別に取り扱えること[82]」と記しており、学年を考慮して指導していることがわかる。

一方、跳躍運動の「臂立跳越」の指導では、「五年六年の学年別区別に拠らしめるでなく、能力別で跳箱を五段と四段と、それを跳び得る能力あるもの又は跳ばんとする意志ある者をそれにつかしめた[83]」のように、学年ではなく能力によって跳箱の高さを変えている。個々の能力差を考慮し、能力別に班を分けるという中島の考え方がこの指導に反映されている。また、指導案の注意事項に「乙竹の努力を認め一般児童にその影響を与うる処置に出ること[84]」とあり、児童の努力を評価するとともに、他の児童の模範にしようとしていることがわかる。この指導について中島は以下のように述べている。

六年の乙竹を引合に出し、彼の先天的な無器容（原文ママ）に対し彼自身が今日まで非常な努力をなし来った結果として、現在の巧緻性それは必ずしも優秀なものとはし難いが、兎も角もここまでをかち得たことに対しこれを賞賛し、彼の今後に於ける一層の努力を促し、同時に全体の児童にも努力の効果を知らしめ、各自に今後を努力せんとする心持を有たしめんとした[85]。

この言及から、賞賛された児童の「運動技術」は決して優秀ではなかったことがわかる。しかしながら、「運動技術」習得に向け努力し、彼なりに上達した点が他の児童の模範として賞讃されたのである。能力差のある児童を一律に指導することを批判し、各自の能力の限度に従い指導することを提唱していた中島の考え方が反映されている。さらに中島は、「乙竹があの無器容さに対し、自らの努力によって相当の巧緻性をかち得たこと更にそれによって努力の偉大なる効果を信じ、自らを信ずる力を得たことに対し、教育生活に於ける無垠の報酬として、云い知れぬ喜悦を満喫するものである[86]」と述べており、いかに努力という学習態度を重視していたのかが明確である。

しかし、授業後の協議では、「臂立跳越」における中島の指導について他の訓導、教授から批評がなされている。まず、体操科の野村禎子は、中島が重視していた能力別指導という観点から以下のように批評している。

気力の弱い、体力の弱い子供に対する指導法は、私等の模範としなければならない点ではありますが、更に元気の旺盛な、体力の優れたものに対する指導法を加味して、能力別の指導を徹底させていただきたかったと思われました。更に進んでは異った材料をも行わしめて（例えば斜跳、開脚水平跳）指導の内容を豊かにしたいと思います。弱い者については申分無く考えられていたのに比べて、優れた者に対しては一層の工夫がしてほしい様な気持が致しました[87]。

野村は、能力の低い児童に対する指導を「模範」と評価する一方、優れた児童に対する指導が徹底されていないと批評したのである。具体的にはより高度な「運動技術」を指導すべきと提案しており、優れた児童をより習熟させるまでには至っていないと考えていたことがわかる。

同じく体操科の齋藤薫雄も、「乙竹の指導は何れも感服された点でありますが、優秀な児童に運動の快美を味わせたならば更によかったと思う[88]」のように、優秀な児童に対する指導に言及している。「運動の快美」を味わわせるべきという批評から、齋藤も、優秀な児童をもっと習熟させるべきと考えていたことがわかる。齋藤の批評に関連して、東京高師教諭兼教授であった安東壽郎[89]も以下のように述べている。

跳箱を跳んだ時に下手な生徒の指導に注意を払われていた所に感心した。跳ぶ為には決心が必要でそれは単に跳箱に限らず、一般の仕事の上にも非常に大切なことである。尚、上手な生徒をもっと活躍させたい。それらの子供に運動の快美を味わわせたい。それを見て出来ない生徒にも運動の面白味を感じさせるようにしてやりたい[90]。

安東からみても、中島は能力の低い児童への指導を重視する一方、上手な児童に対する指導が不足しており、上手な児童に快美を味わわせるまでには至らなかったのである。また、そのために、できない児童に対しても「運動の面白味」を感じさせることが不十分であったと批評している。

以上のように、この実践では学年に応じた指導とともに能力別指導が行われていた。しかし、能力の低い児童への指導を重視する一方、能力の高い児童に対し、能力に応じて習熟させるという点は不十分であり、「運動技術」指導を通して運動の快美を味わわせたり面白さを感じさせたりするまでには至らなかったと考えられる。

二、一九三五年一〇月五日、尋常科五年生男子の実践

続いて、『体育と競技』に掲載された一九三五年一〇月五日、五年生男子の授業参観記を分析する。この史料は、実践の様子に加え参観者の感想や中島との会話も記されており、実践の特徴を把握するうえで重要といえる。

まず、準備運動の後に行われた懸垂運動の「懸垂、屈膝挙股」について、参観者は活動の様子を以下のように記している。

登り方元気がよい。自由だ。それでも素質というものは争われぬもので、器容と不器容（原文ママ）とが自ら目立つ。然し子供にはそんなことは眼中にない。彼等は真剣なことに於て皆同格の世界に住んでいる。教えられた。[91]

注目すべきは、参観者からみて児童の「器容と不器容」、すなわち「運動技術」の巧拙の差が目立っていたことである。ここで中島がどのように指導していたのかということは詳述していないが、能力差を無視して一律に習熟を強いる指導でなかったことは明確である。また、巧拙の差が目立っていたにもかかわらず、児童がそれを気にすることなく真剣に活動していたところに、学習態度を第一に考え、能力差を無視した指導を批判していた中島の考え方が反映されている。

続いて、跳躍運動の「跳越」については、「児童は三つに分れて盛んに跳び出した。高い方の跳箱は五六人しか跳んでないが真中ばかりが多い[92]」と記されている。ここから、高さの異なる三つの跳箱が用意されていたことや、各跳箱の人数に偏りが生じていたことがわかる。人数が偏ることで跳ぶ回数にも差が生じるが、この指導において中島は何を意図していたのか。授業後、中島は、参観者の「跳箱の高さはどんな標準でお分けになったのですか」という質問に対し、「あれはね、実力によってわけてですね、それが進歩すると高い方に行くわけです[93]」と答えている。中島は、能力に応じた高さを児童に選択させ、段階的に習熟させようとしていたのである。そして、この点を重視していたために、人数に偏りが生じても一律にはしなかったと考えられる。

以上のように、この実践にも、能力別指導を提唱していた中島の考え方が反映されていた。特に「跳越」において人数が偏ってもなお能力別指導に徹していたところに特徴があらわれている。

小括

本章では、授業者が「運動技術」指導をめぐる問題にどのように取り組んでいたのかを明らかにするため、齋藤薫雄と中島海の理論や実践を「運動技術」という観点から検討、考察してきた。

まず、齋藤は、体操科の目的を身体、精神の二側面から捉えたうえで、「運動技術」を身体的成果の一要素である「巧緻力」として位置づけていた。しかし、「懸垂力」、「跳躍力」等の力や健康を重視する一方、「巧緻力」すなわち「運動技術」は二義的と捉えていた。

そのうえで、齋藤は、学年を考慮することなく正しい形や美しさ、巧みさを要求することを「技術の末に走る」指導と捉え、「運動技術」ではなく力を第一義とする指導を提唱していた。具体的には、第一に、器械を障碍物とみなして征服すること、すなわち形はどうであれできることや速さ、高さ、幅の進歩を要求する「自然的方法」である。第二に、「運動技術」の説明に時間をかけることなく繰り返し練習させることである。ただし齋藤は、児童の心理に立脚し、尋常科五年生以降からは「運動技術」に対する興味が高まるため形や美しさを要求すべきと考えていた。

実践においては、尋常科三、四年生の児童に対して高さや幅、速さを要求するなど、器械の征服に主眼を置いて指導していた。一方、尋常科五、六年生には、器械の征服にとどまらず、体や脚を伸ばすなど、正しい形や美しさを要求していた。

次に、中島は、体操科を単なる技能科ではなく身体や精神、人格の陶冶を目指す教科と捉えていた。中でも、人格陶冶という観点から学習態度を重視しており、成績考査において五〇％もの価値を置いていた。一方、「運動技術」については、身体的条件の一つである巧緻性と関係づけるにとどまっていた。

中島は、このような体育観に基づき、児童の学年を考慮せず急いで「運動技術」に習熟させることを批判し、学年に応じた段階的指導を提唱していた。また、児童の能力差を無視して一律に指導することを批判し、「技術」の巧拙に基づく能力別指導を提唱していた。さらに、各教材について能力に応じた具体的な要求水準を提示していた。

実践においては、五、六年生に対して学年の差異に考慮した指導が行われていた。加えて、「運動技術」の巧拙によって班を分ける能力別指導が行われていたことが明らかとなった。また、「運動技術」の巧拙以上に習得に向けて努力することや積極的な態度を重視した指導が行われており、学習態度を重視する中島の考え方が反映されていた。

以上のように、齋藤は学年を考慮せずに理想的な形を指導することを、中島は児童・生徒の学年や能力を無視した指導を批判したうえで指導法を考案し、実践に反映させていた。つまり、強調していた点は異なるものの、それぞれの観点から「技術の末に走る」という批判の克服に寄与していたといえる。

ただし、中島の実践は、能力の低い児童の指導を重視する一方、高い児童に対する指導が不十分であり、児童に運動の快美や面白さを味わわせるまでには至っていないと批評を受けていた。中島は指導法の次元でも能力の低い児童のみに個人的指導を行う方法を紹介しており、能力に応じた指導が必要と考えながらも、時間的な限界により能力の低い児童に対する指導を重視する傾向があったのではないかと推測される。こうした限界は、中島の指導が「技術の末に走る」という批判を克服する一方、第一章で明らかにした、「運動技術」指導を通して児童・生徒の運動に対する興味を喚起するという、大谷と二宮の要請には十分応えることができなかったことを意味する。つまり、「技術の末に走る」ことなく、さらに児童・生徒の興味を喚起するような「運動技術」指導を実践することは、当時を代表する訓導の中島でさえ困難であったと考えられる。

【引用文献及び注】

（1）齋藤薫雄については以下の文献に紹介されている。眞行寺朗生・吉原藤助『近代日本体育史』日本体育学会、一九二八年、六七二ページ、佐々木等「体操・体育科」東京教育大学附属小学校創立百周年記念事業委員会編『東京教育大学附属小学校教育百年史：沿革と業績』東京教育大学附属小学校創立百周年記念事業委員会、一九七三年、七九五ページ、田中豊太郎「学校体育に寄与した人々―齋藤薫雄―」『学校体育』第六巻八号、一九五三年、一九ページ。
（2）葉積大等「齋藤薫雄論」『小学校体育』第三巻五号、一九三八年、七二ページ。
（3）編輯部「体操科授業参観記(二)一、東京高等師範学校附属小学校(二)」『体育と競技』第一四巻一二号、一九三五年、四九ページ。
（4）伊藤臭雄「幅のある体育人　齋藤薫雄氏」『学校体育』第一一巻三号、一九三九年、一四九ページ。

(5) 光地影「齋藤薫雄氏を誌俎に上げる(上)」『学校体育』第七巻五号、一九三五年、九〇ページ。
(6) タイトルに「要目」を含んだ著書には以下のものが存在する。『新要目準拠　低学年体育の原理と実際』明治図書、一九三六年、『新要目に基く尋三・四体育の原理と実際』明治図書、一九三七年、『新要目に基く尋五・六体育の原理と実際』明治図書、一九三七年、『新要目に基く高一・二体育の原理と実際』明治図書、一九三八年。
(7) 齋藤薫雄『体操科教育問答』厚生閣書店、一九三〇年、二五九―二六〇ページ。
(8) 同右、二六〇―二六一ページ。
(9) 齋藤薫雄『体操の研究授業』(研究授業叢書第三巻)賢文館、一九三九年、三〇ページ。
(10) 前掲『体操科教育問答』、二六三ページ。
(11) 同右、二六〇―二六一ページの図を基に作成。
(12) 齋藤薫雄「日本体育の新建設について」『教育研究』四一三号、一九三四年、二三六ページ。
(13) 齋藤薫雄『最近体育諸問題の解決』東洋図書、一九三四年、三三ページ。
(14) 前掲『体操の研究授業』(研究授業叢書第三巻)、三一ページ。
(15) 齋藤薫雄『新原理に立脚せる小学校体育の実際』明治図書、一九三一年、二九五ページ。
(16) 前掲『最近体育諸問題の解決』、三一ページ。
(17) 齋藤薫雄『体育の新組織小学校の新体操』明治図書、一九三三年、二八ページ。
(18) 前掲『最近体育諸問題の解決』、三二ページ。
(19) 前掲『体育の新組織小学校の新体操』、四七―四八ページ。
(20) 同右、二八―二九ページ。
(21) 齋藤薫雄「小学校体育教材の選択について」初等教育研究会編『新興小学校体育:第三十八回全国訓導協議会記録』(『教育研究』臨時増刊第三九〇号)一九三二年、一七九―一八〇ページ。
(22) 前掲『体操の研究授業』(研究授業叢書第三巻)、三一ページ。
(23) 前掲『体育の新組織小学校の新体操』、四七―四八ページ。

(24) 前掲『最近体育諸問題の解決』、三二一ページ。
(25) 前掲『新原理に立脚せる小学校体育の実際』、二九〇–二九一ページ。
(26) 前掲『体操の研究授業』(研究授業叢書第三巻)、六六–六七ページ。
(27) 前掲「日本体育の新建設に就いて」、二三八–二三九ページ。
(28) 前掲『新原理に立脚せる小学校体育の実際』、二九五–二九六ページ。
(29) 前掲『体操の研究授業』(研究授業叢書第三巻)、一七–一八ページ。
(30) 前掲「体操科授業参観記(二)一、東京高等師範学校附属小学校(二)」、五三ページ。
(31) 同右、五三ページ。
(32) 同右、五四ページ。
(33) 編輯部「体操科授業参観記　東京高等師範学校附属小学校」『体育と競技』第一五巻八号、一九三六年、四四ページ。
(34) 同右、四四ページ。
(35) 同右、四四–四五ページ。
(36) 齋藤薫雄「中学年授業の実際」『体育と競技』第一八巻一一号、一九三九年、六五ページ。
(37) 同右、六五ページ。
(38) 同右、六五–六六ページ。
(39) 同右、六六ページ。
(40) 編輯部「体操科授業参観記　東京高等師範学校附属小学校」『体育と競技』第一五巻六号、一九三六年、八七–八八ページ。
(41) 同右、八八ページ。
(42) 同右、八八–八九ページ。
(43) 編輯部「体操科授業参観記　東京高等師範学校附属小学校」『体育と競技』第一五巻七号、一九三六年、七六ページ。
(44) 同右、七六ページ。
(45) 同右、七七ページ。

(46)編輯部「体操科授業参観記　東京高等師範学校附属小学校」『体育と競技』第一五巻一〇号、一九三六年、五五―五六ページ。
(47)中島については、以下の文献で紹介されている。梅田利兵衛「学校体育に寄与した人々（中島海）」『学校体育』第四巻一〇号、一九五一年、三二―三五ページ、稲田清助・柴沼直・今村嘉雄・大谷武一・野口源三郎・佐藤卯吉・福本久雄「中島海先生の死を悼む」『新体育』第二一巻一一号、一九五一年、三〇―三四ページ。
(48)前掲「中島海先生の死を悼む」、三二ページ。
(49)中島海『小学校に於ける巧緻運動』目黒書店、一九二五年、序二―三ページ。
(50)中島海『小学校に於ける体操科指導の革新』郁文書院、一九二九年、自序二ページ。
(51)同右、三七二ページ。
(52)中島海「体操教授の将来と研究の方面」『教育研究』第三一〇号、一九二七年、一〇五ページ。
(53)中島海「採点法に就いて」『体育と競技』第一八巻三号、一九三九年、一四ページ。
(54)同右、一四―一五ページ。
(55)同右、一五ページ。
(56)中島海「新制学校体操教授要目に就いて」『教育研究』第三〇四号、一九二六年、一三四ページ。
(57)前掲「体操教授の将来と研究の方面」、一〇五ページ。
(58)中島海「時局と体操科（高学年）の実際」『教育研究』第四七九号、一九三八年、二二七ページ。
(59)中島海「体操科指導法の一般的方面」『教育研究』第三一八号、一九二七年、一三六ページ。
(60)同右、一三九ページ。
(61)同右、一三九ページ。
(62)中島海「体育の学年的発展　体操科指導に於ける発展的取扱――（高学年　尋常科四・五・六学年の部）――」『教育研究』第四二九号、一九三五年、二二七ページ。
(63)同右、二二七ページ。
(64)中島海「下肢運動の教材研究」『教育研究』第三三六号、一九二八年、一〇三―一一一ページ。

(65) 中島海「尋四尋五懸垂運動指導の順序」『教育研究』第四三〇号、一九三五年、一二一―一二四ページ。
(66) 前掲「体育の学年的発展　体操科指導に於ける発展的取扱――（高学年　尋常科四・五・六学年の部）――」、一二六―一三一ページ。
(67) 前掲「尋四尋五懸垂運動指導の順序」、一二三ページ。
(68) 前掲「下肢運動の教材研究」、一〇四ページ。
(69) 中島海「体操科指導過程の再検討　体操科に於ける指導過程」『教育研究』第四四七号、一九三六年、一七〇ページ。
(70) 同右、一七〇ページ。
(71) 前掲「体操科指導法の一般的方面」、一三九ページ。
(72) 前掲『小学校に於ける体操科指導の革新』、三三八ページ。
(73) 中島海『小学校体育』（学校体育文庫第七巻）一成社、一九三〇年、二一五―二一七ページ。
(74) 中島海「小学校に於ける体操　下」田中寛一・寺沢厳男編『師範大学講座体育』（第一三巻）建文閣、一九三六年、一二六―一二七ページ。
(75) 中島海「体操科」学習指導体系刊行会編『尋常小学学習指導書』（学習指導体系第一〇巻）帝国地方行政学会、一九二八年、三六ページ。
(76) 同右、三九ページ。
(77) 前掲『小学校に於ける体操科指導の革新』、三三八ページ。
(78) 中島海「尋常科第六学年指導の例――（十月）――」『体育と競技』第一八巻一〇号、一九三九年、三四ページ。
(79) 同右、三六ページ。
(80) 体育研究部「体操科研究授業の経過」『教育研究』第三九七号、一九三三年、二四七ページ。
(81) 同右、二四六ページ。
(82) 同右、二四六ページ。
(83) 同右、二四八ページ。
(84) 同右、二四六ページ。

(85) 同右、二四八―二四九ページ。
(86) 同右、二四九ページ
(87) 同右、二五三ページ。
(88) 同右、二五三ページ。
(89) 前掲『東京教育大学附属小学校教育百年史：沿革と業績』、七九五ページ。
(90) 前掲「体操科研究授業の経過」、二五一ページ。
(91) 編輯部「体操科授業参観記　一、東京高等師範学校附属小学校の巻」『体育と競技』第一四巻一一号、一九三五年、六〇ページ。
(92) 同右、六一ページ。
(93) 同右、三五ページ。

終章

第一節　本研究の総合的考察

本研究では、一九二〇—四〇年の体操科における「運動技術」指導をめぐる問題について検討、考察するため、四つの課題を設定した。第一に、当時繰り返されていた「技術の末に走る」という批判の内容を、時間的経過とともに明らかにすることである。第二に、再三の批判にもかかわらず「技術の末に走る」指導が行われていた要因を明らかにすることである。第三に、篠原助市に依拠した体育論を明らかにし、「技術の末に走る」という批判との関係を検討することである。そして第四に、実践を担っていた授業者が「運動技術」指導についてどのように考え、実践していたのかを明らかにすることである。以下、四つの課題について整理したうえで、「運動技術」指導をめぐる問題に対する取り組みの成果と課題を考察する。

第一項　「技術の末に走る」という批判の内容

要目等で繰り返されていた「技術の末に走る」という批判の内容については以下のように整理できる。大谷と二宮は、体操科における「運動技術」を手段にすぎないと捉え、「運動技術」のみに没頭することや「運動技術」の崇拝を「技術の末に走る」と批判していた。つまり、「技術の末に走る」という批判は、手段にすぎない「運動技術」をあたかも唯一の目的であるかのように崇拝することに対する批判であった。そして、彼らが具体的に批判していた指導は以下の四点である。第一に、偏った「教材配合」であり、「運動技術」を重視して少数の教材のみを指導することを批判していた。そのうえで、多数の教材を循環させながら少しずつ上達させる「循環漸進の方針」を提唱していた。第二に、教材選択についてであり、児童・生徒の発育・発達や年齢、性別を無視して高度な教材を指導することを批判し、児童・生徒の大半ができる教材を選択すべきと提唱していた。第三に、教材の正しい形や理想的な形を直ちに指導することを批判し、児童・生徒の心身に即して段階的に指導することを提唱していた。第四に、指導の「様式」に関する批判であり、授業者の示範による「運動技術」指導が児童・生徒の活動量を減少させると批判し、簡単な指示で数多く練習させることを提唱していた。加えて、児童・生徒の自発性という観点から「号令・示範式指導法」を批判し、「運動技術」指導の過程で児童・生徒に工夫・創意させる「問答式指導法」や「課題式指導法」を提唱していた。

こうした批判と提唱は、一九二〇年代前半から中頃においては教材の「配合」や選択に関する指摘に限られていたが、一九二〇年代後半から示範による「運動技術」指導が活動量の観点から批判されるようになった。さらに、一九三〇年代に入ると、段階的に目標を高めるという指導の「経過」に関する指摘や自発性を重視した指導の「様式」についても提唱されるようになった。すなわち、「技術の末に走る」という批判は、どのような教材を指導するのかという批判から、教材をどのように指導するのかという批判へと広がりをみせていたといえる。また、批判は一九二〇年代前半から一九四〇年まで継続しており、「技術の末に走る」指導はおよそ二〇年の間なくならなかったといえる。

以上の内容を総括すれば、「技術の末に走る」と批判されていた「運動技術」指導とは教材の形のみを追求する指導であり、そうではない「運動技術」指導とは児童・生徒の心身を考慮した指導といえる。つまり、「技術の末に走る」指導か否かは、児童・生徒の側に立った指導か否かと捉えることが可能である。

第二項　「技術の末に走る」要因

当時の体操科が「技術の末に走る」要因については以下の三つの観点から検討、考察した。第一に、現場に存在していた要因であり、一九二〇–四〇年を通して、現場には体操科を単に「技術教授」の教科であると捉え、児童・生徒の「運動技術」によって授業を評価したり「運動技術」の示範を授業者の唯一の役割と考えたりする傾向が根強く存在していた。こうした認識が「運動技術」の崇拝を生み、体操科指導を示範の模倣に終始させる一要因になっていた。第二に、大谷と二宮の体育論の限界であり、彼らは児童・生徒の自発性を重視し、「号令・示範式指導法」から「問答式指導法」や「課題式指導法」への転換を図っていたが、それらは指導が困難である、時間がかかるなどの限界をかかえていた。大谷と二宮は、一方で活動量を重視した指導を提唱しており、「問答式指導法」や「課題式指導法」の限界は矛盾を引き起こす可能性をはらんでいた。このように、自発性や活動量など様々な観点から批判と提唱がなされるにつれて生じてきた矛盾が、理論の浸透、実践化を妨げたのではないかと考えられる。第三に、「運動技術」に認められていた有用性である。一九二〇−四〇年を通して「運動技術」には一貫して何らかの有用性が認められており、「運動技術」自体が否定されていたわけではなかった。具体的には、運動への興味を高める、児童・生徒に授業者を尊敬させるという有用性が時代を通して存在した。加えて、一九三〇年代中頃から、「人格の完成」に対する有用性が認められるようになった。大谷も二宮も「技術の末に走る」ことは批判しており、あくまで「技術の末に走る」ことのない範囲で「運動技術」を活用することを提唱していた。しかしながら、運動に対する興味や人格は時代的な要請であり、大谷と二宮がこうした有用性を認めていたことは「運動技術」を重視する理論的根拠になったと考えられる。

このように、「技術の末に走る」という問題は様々な要因が絡み合って生じていたが、特に「運動技術」を授業の成果と捉える傾向が強く、優良と評価される学校や熱心な学校ほど「技術の末に走る」指導に陥っていた。つまり、授業者や学校の評価のために「運動技術」を追求する授業者の側に立った「運動技術」指導が児童・生徒の側に立った指導を妨げていたと考えられる。

第三項　篠原助市に依拠した体育論と「技術の末に走る」という批判

篠原助市に依拠した篠崎、浅井の体育論と「技術の末に走る」という批判との関係については、以下のように共通点と相違点が見いだされた。まず、共通点は教材選択や指導の「経過」に対する考え方であり、彼らは大谷、二宮と同様に、児童・生徒の発育・発達や能力に応じた教材を選択すること、能力や要求に即して段階的に指導することを提唱していた。一方、相違点は「教材配合」に対する考え方である。篠崎も浅井も、少数の教材を長期間継続して指導することを提唱していたが、この考え方は二宮が批判していた「教材配合」の方法であった。つまり、二宮、篠崎、浅井はそれぞれ篠原の体育論に言及していたものの、指導法の次元では相違が存在しており、篠崎や浅井の指導法は「教材配合」という点で「技術の末に走る」という批判と対立していたのであった。また、この背景には「運動技術」に対する捉え方の相違が存在していた。二宮は篠原の体育論に依拠して「運動技術」について論じていたが、あくまでも「運動技術」を手段として位置づけ、「技術の末に走る」ことは批判し続けていた。「運動技術」指導の考え方をみても、篠原の体育論に言及する前後で大きな変化はみられず、児童・生徒の発育・発達を無視した教材選択や偏った「教材配合」、理想的な形を直ちに指導することは一貫して批判していた。一方、浅井は「技術の末に走る」という文言に批判的な見解を示し、「運動技術」の意義を強調していた。篠崎も、「外形的」な「運動技術」と「人格表現」としての「運動技術」を区別したうえで、後者には単なる手段以上の意義を認めていたと考えられる。

以上のように、篠崎と浅井は、教材選択や指導の「経過」について児童・生徒の側に立った「運動技術」指導を提唱しており、授業者の側に立っていたわけではなかったが、「運動技術」に手段以上の意義を認めていたため、「教材配合」の点で「技術の末に走る」という批判と対立していたのであった。

第四項　東京高等師範学校附属小学校における「運動技術」指導

東京高師附小の訓導であった齋藤、中島の理論と実践については以下のように整理される。まず、齋藤は、学年を考慮することなく正しい形や美しさ、巧みさを要求することを「技術の末に走る」指導と捉えていた。そのうえで「運動技術」ではなく力を第一義とする指導を提唱し、実践していた。具体的には、第一に、器械を障碍物とみなして征服すること、すなわち形はどうであれできるということや速さ、高さ、幅の進歩を要求する「自然的方法」である。第二に、「運動技術」の説明に時間をかけることなく繰り返し練習させることである。一方中島は、学習態度を主にした成績考査の方法を提唱し、態度重視の実践を展開していた。また、児童・生徒の学年や能力に応じた指導という考え方に基づき能力別指導を実践していた。つまり、大谷と二宮によって多様な観点から「運動技術」指導をめぐる批判と提唱が示される中で、齋藤は理想的な形を直ちに指導することを、中島は児童・生徒の学年や能力を無視した指導を問題にし、それぞれの観点から「技術の末に走る」という批判の克服に寄与していたといえる。ただし、中島の実践は、能力の異なる児童をいかに同時に指導するのかということが問題となっており、能力の高い児童に対する興味の喚起という点で課題を残していた。

第五項　一九二〇―四〇年の体操科における成果と課題

一、成果

一九二〇―四〇年の体操科では「運動技術」指導をめぐる問題に対し、指導の内容や方法、評価の観点から理論と実践が展開されていたことが明らかとなった。つまり、「技術の末に走る」という批判が繰り返されてはいたものの、「運動技術」指導をめぐる問題に何の進展もなかったわけではない。そして、その成果は以下の五点に整理することができる。第一に、児童・生徒の心身を考慮した教材選択や「配合」の方法を考案したことである。第二に、児童・生徒の自発性を尊重し、工夫・創意を促す指導法を考案したことである。第三に、児童・生徒の興味を重視した「運動技術」指導の方法を考案し、実践していたことである。第四に、児童・生徒の個人差に対応した指導法を考案し、実践していたことである。そして第五に、児童・生徒の学習態度を重視した成績考査の方法を考案したことである。このように、「運動技術」指導を通して児童・生徒の運動に対する興味を喚起したり工夫・創意の能力を高めたりする方法が考案され、少なくとも一部の実践に反映されていたという事実は、いたずらに「技術の末に走る」指導が行われていたという従来の歴史像に新たな知見をもたらしたといえる。

二、課題

一方、一九二〇–四〇年の体操科が残した課題として以下の四点をあげることができる。第一に、体操科を単なる「技術教授」の教科と捉える現場の認識を十分に変化させることができなかった点である。こうした認識は、一九二四年にはすでに批判されていたにもかかわらず、一九三〇年代後半になっても根強く存在していた。第二に、授業者や学校の評価を上げるために「運動技術」を追求する授業者の側に立った指導が続いていたことである。「技術の末に走る」指導は優良と評価される学校や熱心な学校あるいは公開授業において顕著であり、その傾向は一九三〇年代後半になっても存在していた。第三に、児童・生徒の自発性や個人差を尊重した指導法に理論的限界が存在したことである。第四に、篠原助市の影響により生じた「運動技術」指導に関する対立が解消されなかったことである。篠原に依拠した篠崎や浅井の指導法は「教材配合」の点で「技術の末に走る」という批判と対立していたが、大谷も二宮も、この対立に対しては何も言及していなかった。

三、体操科に内在した問題

一九二〇―四〇年の体操科において先述した課題の背後に潜んでいたと考えられる問題を五つ提示する。

第一に、実践に内在する時間的限界である。特に当時の体操科は、一方では第一次世界大戦後の国際情勢の変化により教練の重視が主張され、他方では国際的なスポーツの隆盛により遊戯・競技重視の声が高まり、体操、教練、遊戯・競技を偏ることなく指導することが強調されていた。また、こうした社会的な情勢を背景に要目の教材数は改正の度に増加していた(1)。したがって、限られた時間の中で多くの教材を扱い、なおかつ十分な練習回数を確保しなければならなかった。加えて、能力の異なる児童・生徒に対応することや、児童・生徒自身に工夫・創意させることなど、多様な課題が存在していた。これらの課題すべてに対応することは時間的に困難であったと思われる。こうした限界が、児童・生徒の自発性を重視した指導の「様式」や能力別指導の適用を困難にするとともに、教材を少数に限定するという「教材配合」の問題につながったと考えられる。

第二に、「運動技術」という内容がもっている指導の困難さである。篠崎や中島が指摘していたように、「運動技術」に関しては同学年においても能力の差が現れやすい。また、一つの「運動技術」にも様々な要素が存在しており完成には多くの時間が必要と考えられていた。このように、「運動技術」とは限られた時間の中ですべての児童・生徒に指導することが困難な内容と考えられる。だからこそ、その指導をめぐる問題が解消されないのではないかと思われる。

第三に、教材の提示に焦点化していた要目にも問題があったと考えられる。要目調査委員の大谷は一九三六年の要目改正に先立ち、ただ教材の形を指導することを批判するとともに指導法を中心的な課題にあげていた。にもかかわらず、要目は依然として教材の提示が大半を占めていた。これでは授業者の関心は自ずと教材の内容に向かうことが推測される。つまり、教材の提示が大半を占めるという要目の性格が、授業者の関心を「技術の末に走る」という批判よりも教材の内容へ集中させ、ただ示された教材の形のみを追求する指導につながったのではないかと考えられる

第四に、体操科で指導する内容が「運動技術」以外に確立されていなかったことがあげられる。大谷や二宮は体操科を単に「技術教授」の教科と捉えることや「運動技術」のみによって授業を評価する傾向を批判していた。では、何を指導し、何によって評価すべきであったのか。こうした問いに対し、大谷も二宮も、体操科の内容を「運動技術」以外に明確に提示できていたとはいえない。このように授業者が児童・生徒に指導する内容が「運動技術」に焦点化されていたために、「運動技術」のみによって授業を評価する傾向が続いたのではないかと考えられる。

第五に、「運動技術」の意義に対する考察が不十分であったことがあげられる。体操科では一貫して「運動技術」が指導されていたものの、「枝葉末節」と表現されるようにその意義を明確にしていなかった。ようやく一九三六年頃から篠崎や浅井によって「運動技術」の意義が考察されるようになったが、それも教育学者である篠原が契機であり、体操科内部から起こったものではない。また、当時の中心的人物である大谷が著作上で篠原や篠崎、浅井の体育論に言及していなかったことから、「運動技術」の意義について学校体育界全体で考察し、共有するまでにはいたらなかったと考えられる。そして、このように「運動技術」の意義が共有されなかったために、学校現場では「運動技術」を単に形と捉えることとなり、結果として形のみを追及する指導に陥ったのではないか。つまり、意義を十分に考察しないまま、「運動技術」からその指導過程へと重点を転換したことが、「技術の末に走る」という批判の克服を困難にしたと思われる。また、指導する「運動技術」の意義が曖昧では体操科教師の評価も不安定になりかねない。他者からの評価を求める授業者の側に立った「運動技術」指導は、こう

した状況下で少しでも授業の成果を示そうとした結果であったと推測される。

以上、授業の時間的限界、「運動技術」指導の難しさ、教材中心の要目、「運動技術」に焦点化された内容、「運動技術」の意義に対する考察の未徹底の五つを、体操科に内在していた問題として結論づけた。

第二節　現代の体育科教育への示唆

本研究で明らかにした一九二〇－四〇年の体操科における「運動技術」指導をめぐる問題は現代と共通点を有しており、例えば児童・生徒の「運動技術」を授業の成果と捉える傾向はまさに現代の体育科教育が抱える問題である。また、「運動技術」習得により児童・生徒の運動への興味が高まるという考え方は現代でも強く、学校現場が運動技術を追求する一つの根拠になっていると思われる。したがって、まずはこうした考え方が当時すでに批判されていたことを認識する必要がある。そのうえで、当時の体操科が残した成果と課題を踏まえ、体育科教育の内容や、運動技術と運動・スポーツの魅力との関係を検討する必要がある。

まず、現代では「運動技術の習得が体育の学習である」という学習観からの転換が求められているが、その際、教科としての内容とその意義を明確にすることが必要と考えられる。そのためには、運動技術から態度へ、というように安易に他の内容へ転換するのではなく、運動・スポーツを学ぶうえで運動技術がどのような意義をもつのかを改めて考察し直す必要があると考える。こうした課題に対し、「技術の発生的考察」により「運動技術」を人間の要求の表れと捉えた篠崎の考え方は参考になるのではないだろうか。すなわち、運動・スポーツに親しんできた人々がどのような要求に基づき「運動技術」を生み出してきたのかを歴史的に明らかにすることが、現代社会で運動・スポーツに親しむ児童・生徒にとっての運動技術の意義を明らかにすることにもつながると思われる。

関連して、運動技術と運動・スポーツの魅力との関係を考察する際には、齋藤や篠崎、浅井が提唱していた、児童・生徒の要求や興味を重視した「運動技術」指導の考え方が参考になると思われる。例えば齋藤は、学年に応じて変化する児童・生徒の欲求に注目して「運動技術」指導を行っていた。安易に「運動技術を習得すれば楽しい」と考えるのではなく、対象とする児童・生徒が欲する運動技術とは何かを問うことで、運動技術と運動・スポーツの魅力との関係にせまることができるのではないだろうか。

最後に、現代では、運動・スポーツを学ぶということに加え、多様な資質・能力の育成が求められているが、その際も、運動・スポーツをすることや運動技術の学習を資質・能力育成の手段とする「運動手段論」に回帰するのではなく、あくまでも運動・スポーツに夢中になって取り組むことや運動技術を学習することが資質・能力育成という視点からどのような意義をもつのかを考察する必要がある。

第三節　今後の課題

今後の課題として、第一に、本研究で明らかにした「運動技術」に関する様々な考え方がどのように構築されたのかを明らかにすることがあげられる。本研究では、「運動技術」に関する考え方を、時間的経過とともに明らかにしてきた。一方、それらの考え方がどのように構築されていったのかというところまで踏み込むことはできなかった。今回取り上げた人物と国内外の体育論や教育学説との接点を検討し、彼らがどのような理論・学説をどのように受容して、「運動技術」指導に対する考え方を構築していったのか、あるいは変化させたのかを明らかにすることで、「運動技術」指導をめぐる問題をより広い視野から解釈することが可能になる。

第二に、実践のさらなる分析である。本研究では東京高師附小の一部の実践に限定していたが、「運動技術」指導をめぐる問題を考察する際には単一の授業を分析するのみでは不十分であり、一か月、一年というより長期的な視野から分析する必要性が見いだされた。そのため、まずは本研究で取り上げた齋藤や中島の実践について、公刊物史料のみではなく未公刊の学校文書を収集し、より具体的に分析したい。加えて、二宮が言及していた、当時優良といわれていた学校にも注目したい。二宮は、優良といわれる学校ほど「技術の末に走る」傾向にあったと述べているが、各学校の実践が具体的に明らかにされているわけではない。そのため、当時体操科授業が評価されていた学校の実践を分析し、本当に「技術の末に走る」指導であったのか、そうであればどのような問題が存在していたのかを明らかにすることは重要な意味をもつ。地方の優良校については、香川県の香西小学校(2)や群馬県の佐波郡赤堀尋常高等小学校(3)、東尋常高等小学校(4)などに関する史料が発掘されているが、これらを「運動技術」指導という視点から分析し直す必要がある。また、二宮は、「京都宇治の菟道小学校(5)」のように具体的な学校名をあげており、こうした学校についても史料を収集し、分析したい。その他、「運動技術」指導に関して児童・生徒の興味や個人差に関する言及が多くみられたため、そうした考え方が強く反映されていたと考えられる大正自由教育の実践校において「運動技術」がどのように捉えられ、指導されていたのかということにも注目する必要がある。

第三に、当時の教員養成や講習会について明らかにすることである。「技術の末に走る」要因として、体操科に対する現場の認識が見いだされたが、なぜ体操科を単に「技術教授」の教科と捉える傾向が変わらなかったのかということは明らかにできなかった。こうした現場の認識について検討する手がかりとして、体操科の教員がどのように養成されていったのかを明らかにすることは有効と考えられる。

第四に、一九一〇年代以前の検討である。本研究で明らかにしたように、大谷や二宮によって過去の指導が度々問題にされていた。つまり、一九二〇―四〇年の問題の一つは、過去の指導の継承であったといえる。大谷、二宮に批判されていた指導はどのようにして形成されたのか。また、そうした指導を高島や永井はどのように捉えていたのか。これらの課題を明らかにすることで、一九二〇―四〇年の問題がより詳細に明らかになると思われる。

第五に、一九四一年以後の検討である。本研究では一九四〇年を区切りとしたが、一九四一年以後の体錬科で「運動技術」はどのように捉えられ、指導されていたのか、そして「運動技術」指導が戦時下という社会情勢とどのように関わっていたのかを明らかにすることは重要と思われる。また、本研究で対象とした大谷や中島、浅井は一九四五年以後の学校体育にも影響を与えていた。まず、大谷は、文部省学校体育研究委員会委員長や日本体育指導者連盟理事長などを歴任し、「戦後改革期の学校体育をも主動した」とされるが、戦前・戦中と戦後の連続性については、「戦後の転換」を「皮肉で屈辱的な体験」のように断絶的に捉える解釈と、「戦前への復帰」として連続的に捉える解釈が混在している。[6] 中島については、「専攻の遊戯の研究に専念」し、「『鬼ごっこ』、『リレーレース』という著書を相次で出された」[7] とされているが、遊戯における運動技術についてどのように考えていたのかは明らかにされていない。最後に浅井は、「体育の民主化と科学化を主張」し「第二次大戦後の日本の学校体育および体育学を先駆的に支えた代表的な人物[8]」と評価されている。そのため、彼に関する先行研究は主に民主化と科学化という観点からなされており、「小学校における体育授業の行動観察における人間関係の分析[9]」に取り組んでいたことが明らかにされている。一方、篠原に依拠した「運動技術」に対する考え方がどのように変化したのか、また彼の考え方が学校体育にどのような影響を与えたのかということは明らかにされていない。このように、いずれの人物についても、運動技術という視点から一九四五年以後の理論を検討する余地が残されている。

【引用文献及び註】

（1）要目の教材数の増加傾向については、井上一男『学校体育制度史』増補版、大修館書店、一九七〇年に詳述されている。
（2）前田幹夫『大正期の学校体育の研究：香西小学校の体育研究と実践』不昧堂出版、一九九四年。
（3）福地豊樹「佐波郡赤堀尋常高等小学校『我が校の体育』について：大正後期から昭和初期にかけての群馬県の体操科教育の一断面」『群馬大学教育学部紀要　芸術・技術・体育・生活科学編』第二〇号、一九八四年、三一―四七ページ。
（4）福地豊樹「大正期の群馬県における学校体育の展開（第二報）：東尋常高等小学校『体育施設要覧』（大正七年）の検討を中心にして」『群馬大学教育学部紀要　芸術・技術・体育・生活科学編』第二三号、一九八八年、一二五―一四五ページ。
（5）二宮文右衛門『中心教材体操指導法』（学校体育文庫第一一巻）一成社、一九三四年、三〇ページ。
（6）坂上康博「体育人と身体観：大谷武一」『体育の科学』第五六巻二号、二〇〇六年、一一九―一二四ページ。

（7）梅田利兵衛「学校体育に寄与した人々（中島海）」『学校体育』第四巻一〇号、一九五一年、三四ページ。

（8）丹羽劭昭「戦後学校体育を支えた人たち　第三回浅井浅一――体育の民主化・科学化をめざした人――」『学校体育』第四九巻六号、一九九六年、六八ページ。

（9）同右、六八ページ。

あとがき

本書は、「体操科における『運動技術』指導をめぐる問題――一九二〇年から一九四〇年を中心に――」と題して、二〇一八(平成三〇)年一二月に東京学芸大学大学院連合学校教育学研究科に提出し、二〇一九(平成三一)年三月に博士(教育学)の学位を授与された論文をもとにしている。運動技術をテーマに研究しようと考えたのは、修士課程で体育科教育を学んでいた二〇〇八(平成二〇)年であった。当時は知識や運動技術の確実な習得が強調され、児童・生徒にどのような運動技術をいかに習得させるのかということが議論されていた。一方で、運動技術を重視することで児童・生徒の主体性や楽しさが損なわれ、体育嫌いを増やすのではないかということが危惧されていたように思う。このように、体育において運動技術と態度や楽しさが二項対立的に捉えられることに疑問をもち、「なぜ運動技術の学習をめぐる議論が絶えないのか」、「なぜ運動技術の習得が目指されるのか」、「そもそも運動が上手になることは人間にとってどのような意味をもつのか」ということを明らかにしたいと思うようになった。つまり、本書はおよそ一〇年にわたる学習、研究の成果といえる。書き終えてみると、当初の疑問がすべて解明されたとはいえず、想像していたような達成感はなかった。その代わりに、新たに研究したい課題が数多く見つかり、意欲や期待感が湧き上がっている。本書を出発点として、今後は研究テーマの時代的、空間的な拡大を図りつつ、より広い視野から検討、考察していきたい。

本書をまとめるにあたり、多くの方々にお世話になった。特に東京学芸大学の鈴木明哲先生には、博士課程入学前から、長きに渡りご指導いただいた。先生と出会わなければ、今ほど研究を面白いと感じたり夢中になったりすることはなかったかもしれない。深謝の意を表する。先生からは史料の読み方や論文の書き方はもちろん、原点に立ち返ることや目標を持ち続けることの大切さなど、多くのことを学んだ。これらを胸に研究を積み重ね、研究者として自立することで、先生のご恩に報いたい。また、学位請求論文の副査をしていただいた東京学芸大学の鈴木秀人先生、橋本美保先生、横浜国立大学の物部博文先生、千葉大学の本多佐保美先生には様々な視点からご指導いただいた。心より感謝したい。軍国主義との関係や教育学説の受容、他教科との比較など、本書に反映することができなかったご助言も多々あるが、今後の研究で少しでも応えていきたいと感じている。

最後に、本書の出版に際し、(株)現代図書代表取締役池田廣子氏ならびに担当の野下弘子氏に大変お世話になった。心より御礼申し上げる。

藤川　和俊

二〇二〇年二月

史料

一、著書

永井道明『学校体操要義』大日本図書、一九一三年。

永井道明『体育講演集』健康堂体育店、一九一三年。

永井道明『学校体操教授要目の精神及び其の実施上の注意』教育新潮研究会、一九一四年。

中島海『小学校に於ける巧緻運動』目黒書店、一九二五年。

中島海「体操科」学習指導体系刊行会編『尋常小学学習指導書』（学習指導体系第一〇巻）帝国地方行政学会、一九二八年。

中島海『小学校に於ける体操科指導の革新』郁文書院、一九二九年。

中島海『小学校体育』（学校体育文庫第七巻）、一成社、一九三〇年。

中島海「小学校に於ける体操　下」田中寛一・寺沢厳男編『師範大学講座体育』（第一三巻）建文閣、一九三六年、五三―一六〇ページ。

二宮文右衛門『新時代の要求に応ずる小学校体操』目黒書店、一九二三年。

二宮文右衛門『学校体操』目黒書店、一九二六年。

二宮文右衛門『体育指導原論』目黒書店、一九三二年。

二宮文右衛門「学校体育指導上の諸問題」初等教育研究会編『新興小学校体育：第三十八回全国訓導協議会記録』（『教育研究』臨時増刊第三九〇号）一九三二年、四四―六九ページ。

二宮文右衛門『中心教材体操指導法』（学校体育文庫第一一巻）一成社、一九三四年。

二宮文右衛門『体育全史』目黒書店、一九三四年。

二宮文右衛門『新学校体育論』成美堂書店、一九三六年。

二宮文右衛門『体育概論』目黒書店、一九三六年。

二宮文右衛門『体操教授学』成美堂書店、一九三七年。

二宮文右衛門『新学校体操』目黒書店、一九四〇年。

大谷武一『体育の諸問題』目黒書店、一九二四年。

大谷武一『学校体操の指導』目黒書店、一九二五年。

大谷武一『増訂学校体操の指導』目黒書店、一九二七年。

大谷武一『学校体育概論』文成社、一九三〇年。

大谷武一『体育指導の原理と方法』同文書院、一九三一年。

大谷武一『最近体育思潮』同文書院、一九三一年。

大谷武一『改訂学校体操の指導』目黒書店、一九三四年。

大谷武一『体育とスポーツの諸問題』目黒書店、一九三五年。

大谷武一『低鉄棒運動』目黒書店、一九三五年。

大谷武一『新教育体操』目黒書店、一九三七年。

大谷武一『新訂学校体操の指導』目黒書店、一九三七年。

齋藤薫雄『体操科教育問答』厚生閣書店、一九三〇年。

齋藤薫雄『新原理に立脚せる小学校体育の実際』明治図書、一九三一年。

齋藤薫雄「小学校体育教材の選択について」初等教育研究会編『新興小学校体育：第三十八回全国訓導協議会記録』(『教育研究』臨時増刊第三九〇号）一九三二年、一六六―一八八ページ。

齋藤薫雄『体育の新組織小学校の新体操』明治図書、一九三三年。

齋藤薫雄『最近体育諸問題の解決』東洋図書、一九三四年。

齋藤薫雄『新要目準拠低学年体育の原理と実際』明治図書、一九三六年。

齋藤薫雄『新要目に基く尋三・四体育の原理と実際』明治図書、一九三七年。

齋藤薫雄『新要目に基く尋五・六体育の原理と実際』明治図書、一九三七年。

齋藤薫雄『新要目に基く高一・二体育の原理と実際』明治図書、一九三八年。

齋藤薫雄『体操の研究授業』(研究授業叢書第三巻)賢文館、一九三九年。

真行寺朗生・吉原藤助『近代日本体育史』日本体育学会、一九二八年。

二、雑誌

浅井浅一「中学校に於ける蹴上の指導」『体育と競技』第一七巻六号、一九三八年、六三―六八ページ。

浅井浅一「斜開脚跳の指導に就いて」『体育と競技』第一八巻六号、一九三九年、六九―七四、八一ページ。

浅井浅一「中学校高学年三月の指導」『体育と競技』第一九巻三号、一九四〇年、七一―七六ページ。

浅井浅一「技術練習解剖論」『体育と競技』第一九巻五号、一九四〇年、一一―一七、六ページ。

浅井浅一「低鉄棒に依る蹴上の指導」『体育と競技』第一九巻九号、一九四〇年、六六―七二、五九ページ。

浅井浅一「中学校十月の指導案」『体育と競技』第一九巻一〇号、一九四〇年、七七―八三、八五ページ。

浅井浅一「小学校五六年十一月の指導」『体育と競技』第一九巻一一号、一九四〇年、六九―七三ページ。

浅井浅一「学校体育の新しき態度」『学校体育』第一四巻二号、一九三五年、一七―二四ページ。

浅井浅一「東京府五日市尋常高等小学校体操授業参観記(二)」『小学校体育』第二巻一一号、一九三七年、八三―八六ページ。

浅井浅一「技術の性格とその精神」『小学校体育』第四巻三号、一九三九年、六七―七〇ページ。

浅井浅一「篠原教育学とその体育観」『小学校体育』第四巻四号、一九三九年、四四―四九ページ。

浅井浅一「心理学が開拓する体育の新領域」『小学校体育』第四巻五号、一九三九年、三五―四二ページ。

浅井浅一「荘子に現れた技術観」『小学校体育』第四巻八号、一九三九年、四六―五二ページ。

葉積大等「齋藤薫雄論」『小学校体育』第三巻五号、一九三八年、七二―七三ページ。

編輯部「体操科授業参観記　一、東京高等師範学校附属小学校の巻」『体育と競技』第一四巻一一号、一九三五年、五五－六三、二三五ページ。

編輯部「体操科授業参観記（二）一、東京高等師範学校附属小学校（二）」『体育と競技』第一四巻一二号、一九三五年、四九－五四ページ。

編輯部「体操科授業参観記　東京高等師範学校附属小学校」『体育と競技』第一五巻六号、一九三六年、八四－九三ページ。

編輯部「体操科授業参観記　東京高等師範学校附属小学校」『体育と競技』第一五巻七号、一九三六年、七〇－七九ページ。

編輯部「体操科授業参観記　東京高等師範学校附属小学校」『体育と競技』第一五巻八号、一九三六年、三九－四八ページ。

編輯部「体操科授業参観記　東京高等師範学校附属小学校」『体育と競技』第一五巻一〇号、一九三六年、五一－六〇ページ。

編輯部「体操科授業参観記　東京高等師範学校附属小学校」『体育と競技』第一五巻一二号、一九三六年、一五五－一六二ページ。

伊藤臭雄「幅のある体育人　齋藤薫雄氏」『学校体育』第二巻三号、一九三九年、一四九－一五一ページ。

光地影「齋藤薫雄氏を誌俎に上げる（上）」『学校体育』第七巻五号、一九三五年、八八－九三ページ。

文部省「学校体操教授要目改正の要旨並改正の要点」『文部時報』第五七七号、一九三七年三月一日、一三三－一四五ページ。

中島海「採点法に就いて」『体育と競技』第一八巻三号、一九三九年、一三－一五ページ。

中島海「尋常科第六学年指導の例――（十月）――」『体育と競技』第一八巻一〇号、一九三九年、三三－三六ページ。

中島海「新制学校体操教授要目について」『教育研究』第三〇四号、一九二六年、一三四－一三八ページ。

中島海「体操教授の将来と研究の方面」『教育研究』第三一〇号、一九二七年、一〇四－一〇七ページ。

中島海「体操科指導法の一般的方面」『教育研究』第三一八号、一九二七年、一三六－一四〇ページ。

中島海「下肢運動の教材研究」『教育研究』第三三六号、一九二八年、一〇三－一一一ページ。

中島海「体育の学年的発展　体操科指導に於ける発展的取扱」『教育研究』第四二九号、一九三五年、二二六－二三一ページ。

中島海「尋四尋五懸垂運動指導の順序」『教育研究』第四三〇号、一九三五年、一二一－一二四ページ。

中島海「体操科に於ける指導過程」『教育研究』第四四七号、一九三六年、一六九―一七四ページ。

中島海「時局と体操科（高学年）の実際」『教育研究』第四七九号、一九三八年、二二七―二三二ページ。

二宮文右衛門「体操科教授に於ける欠陥とその反省」『体育と競技』第一七巻一〇号、一九三八年、八―一二ページ。

二宮文右衛門「中心教材の意味と其指導法に就て」『体育と競技』第一八巻九号、一九三九年、六―一二ページ。

二宮文右衛門「体操指導の進歩と将来への希望」『学校体育』第七巻四号、一九三三年、二―五ページ。

大谷武一「学校体操の指導」『体育と競技』第一七巻三号、一九三八年、三五―四一ページ。

齋藤薫雄「中学年授業の実際」『体育と競技』第一八巻一一号、一九三九年、六四―六六、六一ページ。

齋藤薫雄「日本体育の新建設について」『教育研究』第四一三号、一九三四年、二三五―二四〇ページ。

齋藤薫雄「体操科の研究授業と其の批評法」『教育研究』第四一五号、一九三四年、九七―一〇三ページ。

齋藤薫雄「日本化せる体育指導の実際」『教育研究』第四一六号、一九三四年、一八一―一八六ページ。

齋藤薫雄「体操科補充教材と其の解説」『教育研究』第四一七号、一九三四年、五一一―五三三ページ。

齋藤薫雄「体操科の研究授業と其の批評法（三）」『教育研究』第四一八号、一九三四号、一〇〇―一〇五ページ。

真行寺朗生「近時の所懐と心境」『学校体育』第一四巻三号、一九三五年、八九―九六ページ。

篠崎謙次「体育要論（一）」『体育と競技』第一五巻一一号、一九三六年、二―八ページ。

篠崎謙次「体育要論（二）」『体育と競技』第一五巻一二号、一九三六年、一四―一七、九〇ページ。

篠崎謙次「体育要論（三）―意志陶冶論―」『体育と競技』第一六巻三号、一九三七年、五―一二ページ。

篠崎謙次「体育要論（四）―意志陶冶論―」『体育と競技』第一六巻四号、一九三七年、七―一三ページ。

篠崎謙次「体育要論（五）―意志陶冶論―」『体育と競技』第一六巻五号、一九三七年、一二―一五ページ。

篠崎謙次「体操教授の手記（三）――教授の力動的進行――」『体育と競技』第一九巻九号、一九四〇年、三八―四四ページ。

篠崎謙次「体操教授の手記（完）―器械の運動―」『体育と競技』第一九巻一〇号、一九四〇年、四五―四九ページ。

篠崎謙次「技術の考察」『体育と競技』第一九巻一二号、一九四〇年、六二―六八、一四ページ。

篠崎謙次「体操に対する好き嫌いとその理由」『小学校体育』第二巻一一号、一九三七年、二一―二五ページ。

篠崎謙次「体操科の研究教授について」『小学校体育』第三巻七号、一九三八年、六九―七一ページ。

篠崎謙次「体操教授に於ける要求水準（一）」『小学校体育』第四巻一〇号、一九三九年、三一―三九ページ。

篠崎謙次「体操教授に於ける要求水準（二）」『小学校体育』第四巻一一号、一九三九年、八〇―八五ページ。

篠崎謙次「徒手体操教授の悩みとその解決」『小学校体育』第五巻一号、一九四〇年、七〇―七八ページ。

体育研究部「体操科研究授業の経過」『教育研究』第三九七号、一九三三年、二四五―二五三ページ。

『官報』第一四七号、一九一三年一月二八日。

『官報』第四一二六号、一九二六年五月二七日。

「発刊の辞」『小学校体育』第一巻一号、一九三六年、一ページ。

引用・参考文献

愛媛大学教育学部附属小学校『百年史』編集委員会編『百年史』愛媛大学教育学部附属小学校、一九八六年。

福地豊樹「佐波郡赤堀尋常高等小学校『我が校の体育』について：大正後期から昭和初期にかけての群馬県の体操科教育の一断面」『群馬大学教育学部紀要 芸術・技術・体育・生活科学編』第二〇号、一九八四年、三一—四七ページ。

福地豊樹「大正期の群馬県における学校体育の展開（第二報）：東尋常高等小学校『体育施設要覧』（大正七年）の検討を中心にして」『群馬大学教育学部紀要 芸術・技術・体育・生活科学編』第二三号、一九八八年、一二五—一四五ページ。

今村嘉雄「学校体育に寄与した人々（二）——二宮文右衛門」『学校体育』第二巻七号、一九四九年、二〇—二二ページ。

今村嘉雄「大谷武一先生をおもう」大谷武一体育選集刊行会偏『大谷武一体育選集別冊』杏林書院・体育の科学社、一九六七年、二二九—二二四ページ。

今村嘉雄『日本体育史』不昧堂出版、一九七〇年。

今村嘉雄・宮畑虎彦『新修体育大辞典』不昧堂出版、一九七六年。

稲田清助・柴沼直・今村嘉雄・大谷武一・野口源三郎・佐藤卯吉・福本久雄「中島海先生の死を悼む」『新体育』第二一巻一一号、一九五一年、三〇—三四ページ。

井上一男『学校体育制度史』増補版、大修館書店、一九七〇年。

入江克己『日本ファシズム下の体育思想』不昧堂出版、一九八六年。

入江克己『大正自由体育の研究』不昧堂出版、一九九三年。

木戸若雄『明治の教育ジャーナリズム』近代日本社、一九六二年。

菊幸一「現代社会における教育課題と『楽しい体育』」全国体育学習研究会編『『楽しい体育』の豊かな可能性を拓く——授業実践への手引き——』明和出版、二〇〇七年、三七—四九ページ。

木村吉次「学校体操教授要目（大正二年）の制定過程に関する一考察」『中京体育論叢』第六巻一号、一九六四年、四七―一一九ページ。

木村吉次「近代日本の体育思想一五　高島平三郎～『科学的体育』の志向」『体育の科学』第一五巻八号、一九六五年、四六五―四七一ページ。

木下秀明『日本体育史研究序説：明治期における『体育』の概念形成に関する史的研究』不昧堂出版、一九七一年。

岸野雄三・多和健雄『スポーツの技術史―近代日本のスポーツ技術の歩み―』大修館書店、一九七二年。

岸野雄三『体育史―体育史学への試論』大修館書店、一九七三年。

岸野雄三・竹之下休蔵『近代日本学校体育史』日本図書センター、一九八三年。

黒田亮『続勘の研究』講談社、一九八一年。

前田幹夫『大正期の学校体育の研究：香西小学校の体育研究と実践』不昧堂出版、一九九四年。

松田恵示『『遊び』から考える体育の学習指導』創文企画、二〇一六年。

松本大輔「体育で学ぶこと（体育の内容論）」鈴木直樹・梅澤秋久・鈴木聡・松本大輔編『学び手の視点から創る小学校の体育授業』大学教育出版、二〇一三年、二二―三一ページ。

永島惇正「体育教師と授業―藤森成吉『或る体操教師の死』を手がかりに―」影山健編『体育授業のための社会学（講座保健・体育科教育の科学と理論、五）日本体育社、一九八二年、一一八―一一九ページ。

恩田裕「雑誌『学校体育』について」『成城法学教養論集』第一一号、一九九四年、一―三七ページ。

大場一義「篠原助市『体育私言』」松田岩男・成田十次郎編『身体と心の教育』講談社、一九八一年、二六〇―二七三ページ。

大西公恵「一九〇〇年代の東京高等師範学校附属小学校における読方教育論：『教育研究』および全国小学校訓導協議会での議論を中心に」『和光大学人間学部紀要』第七号、二〇一四年、九九―一一八ページ。

大西公恵「一九三〇年代初期における国語科の教育目的の問い直し：第三四回全国小学校訓導協議会の議論を通して」『和光大学現代人間学部紀要』第九号、二〇一六年、五七―七〇ページ。

大谷武一体育選集刊行会偏『大谷武一体育選集別冊』杏林書院・体育の科学社、一九六七年。

坂上康博「体育人と身体観：大谷武一」『体育の科学』第五六巻二号、二〇〇六年、一一九―一二四ページ。

篠崎謙次『改訂道徳教育要説――内面的自覚の精神過程とその指導――』高陵社書店、一九七〇年。

高橋健夫「『めあて』学習の意義と問題点」『体育科教育』第四五巻四号、一九九七年、一四―一七ページ。

田中豊太郎「学校体育に寄与した人々―齋藤薫雄」『学校体育』第六巻八号、一九五三年、一六―一九ページ。

丹羽劭昭「戦後学校体育を支えた人たち　第三回浅井浅一――体育の民主化・科学化をめざした人――」『学校体育』第四九巻六号、一九九六年、六八―七〇ページ。

東京教育大学附属小学校創立百周年記念事業委員会編『東京教育大学附属小学校教育百年史：沿革と業績』東京教育大学附属小学校創立百周年記念事業委員会、一九七三年。

梅田利兵衛「学校体育に寄与した人々（中島海）」『学校体育』第四巻一〇号、一九五一年一一月、三三―三五ページ。

山田栄・小沼洋夫・篠原重利編『小・中学校における道徳実践指導講座』（第三巻）光風出版、一九五六年。

山本徳郎「浅井浅一研究事始――体育は教育か科学か――」『奈良体育学会研究年報』第一五巻、二〇一〇年、二五―三〇ページ。

山本徳郎「『篠原助市『体育私言』（一九三二年）に関する一考察」『奈良体育学会研究年報』第一六巻、二〇一一年、一―一六ページ。

索　引

頻出する浅井浅一、「運動技術」、大谷武一、「技術の末に走る」、齋藤薫雄、篠崎謙次、中島海、二宮文右衛門については省略した。

【さ行】

【な行】

【は行】

■著者略歴

藤川　和俊（ふじかわ　かずとし）

1985 年　東京都生まれ
2008 年　東京学芸大学教育学部卒業
2019 年　東京学芸大学大学院連合学校教育学研究科 (博士課程) 修了
現在　帝京平成大学現代ライフ学部助教、博士 (教育学)

体操科における「運動技術」指導をめぐる問題

2020 年 4 月 19 日　第 1 刷発行

著　者　藤川 和俊　
発行者　池上 淳
発行所　株式会社　**現代図書**
〒 252-0333　神奈川県相模原市南区東大沼 2-21-4
TEL　042-765-6462　FAX　042-701-8612
振替口座　00200-4-5262　ISBN 978-4-434-27362-9
URL　https://www.gendaitosho.co.jp
E-mail　contactus_email@gendaitosho.co.jp
発売元　株式会社　**星雲社**（共同出版社・流通責任出版社）
〒 112-0005　東京都文京区水道 1-3-30
TEL　03-3868-3275　FAX　03-3868-6588

印刷・製本　モリモト印刷株式会社　Printed in Japan